出川卓
出川通

出雲

歴史ワンダーランド

言視舎

まえがき

「出雲」には今、他県や海外から観光客の方々が、かつてないほど訪れてきています。六十年に一度の出雲大社の遷宮、松江城の国宝化など、大きなイベントがあったこともその理由の一つでしょう。

しかし、それだけではありません。数十年前に大量の銅剣や銅鐸が見つかり、伝説といわれていた出雲大社の巨大な柱の跡が見つかるなど、この地に有力な勢力が実在したことが証明され、出雲は「神話の国」であるだけではなく、「歴史の国」であることがはっきりしたことも影響していると思われます。出雲は日本の長い歴史の中で、ある時代には日本の「中心」を占めていたといっても過言ではない、歴史的にもっと注目されるべき地域なのです。

内容は、「出雲とは何か」に始まり、日本最大の神々と神社パワーを、「出雲国風土記」の視点から俯瞰していきます。そして弥生、古墳時代の墓と、続々と出てくる考古学的資料の背景にある金属資源パワーを探りました。さらに中世以降は少しローカルですが、今に残る戦国時代から江戸、明治の歴史と文化を紹介します。最後はまとめとして、歴史ワンダーランドから未来ワンダーランドへ、著者のこれからの出雲への思いも載せています。

本書では、神話も歴史を構成する要素の一つとしてとらえています。拡大解釈もありますが、読者のみなさんと、愉しみながら鑑賞していけたらと思います。

筆者は、出雲で生まれて育った元技術者の兄弟です。仕事の関係で少しグローバルな活動をしたのちに、還暦を過ぎてその活動の舞台を再び出雲に戻しています。そこで見えてきたものは、すべてにおいて新鮮です。そうした新鮮な発見を整理してみたのがこの本です。別の言葉で言うと、全世界という広い空間軸と長い過去への時間軸とが交差するなかで、出雲の歴史を見つめなおしてみました。現代から未来までを見据えた、「出雲」再発見の書ともいえます。

また筆者は、先に県別の逆襲シリーズとして『島根の逆襲』を出版しています。本書ではその内容と極力重ならないように、旧出雲国の歴史に集中しています。実際に足で稼いで深く掘り下げることができたと自負しています。

地元の再発見は、必ずや地元の活性化につながると期待しています。本書がそのきっかけになれば嬉しい限りです。

それでは「出雲人も知らない出雲の国」の話を、掘り起こしていきましょう。

目次

1章　出雲とは何か

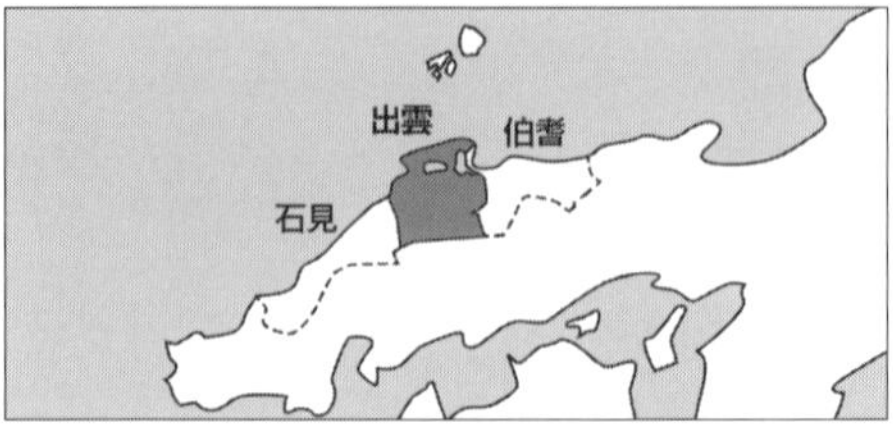

図1―1　日本と出雲の位置関係地図

出雲国（以下出雲、または出雲地方、地区と表示）は、ほぼ現在でいう松江市、出雲市、安来市、雲南市、奥出雲町、飯南町の6行政地域から成り立ちます。一部は入り繰りがあり、島根県だと石見地方の一部、鳥取県だと伯耆地方の一部も含まれますが、これはよしとして下さい。ここでの出雲とはいわゆる古代の行政地域である「出雲国」を意味します。この名前は島根県出雲市という現代の行政区割りにも残っていますが、ここを直接的に示すものではありません。

まずは出雲という概念の基礎的な思想などの歴史を概観してから地理的構成、また最新情報としてのＤＮＡから見た出雲人についても触れます。

1―1　神話、思想としての出雲

(1)出雲の成り立ち――神話と歴史から

古代出雲は、地理的には、青銅器が主に産出する西部出雲(現在の島根県出雲市付近)と、鉄器を主とする東部出雲(現在の島根県松江市、安来市、鳥取県米子市、大山町)に分かれます。それぞれ地域には別の勢力がいたと考えられますが、そののち統一王朝が作られ、日本海を中心とした宗教国家「出雲」が形成された、と考えられています。

弥生期の東部出雲については、出雲と伯耆《ほうき》(鳥取県西部)をあわせて「出雲文化圏」と考えられ、西部よりこちらが中心地帯だったようです。この地域は、大和朝廷の律令体制下での「伯耆国」にまで文化的につながってゆきます。

考古学的見地からは、巨大古墳が発達する以前、出雲の特徴的埋葬様式である「四隅突出墳丘墓」の分布状況が参考になります。環日本海の北陸地方などにも存在し、「上古出雲」とすべきという説もあります。それだけ「出雲」の版図が広がっていたということです。版図拡大の逸話は、国引き神話として「出雲国風土記」に記されているともいわれます。

古代神話を丹念に読んでいくと、銅と鉄の時代や稲作の時代がダブってくるように感じます。出

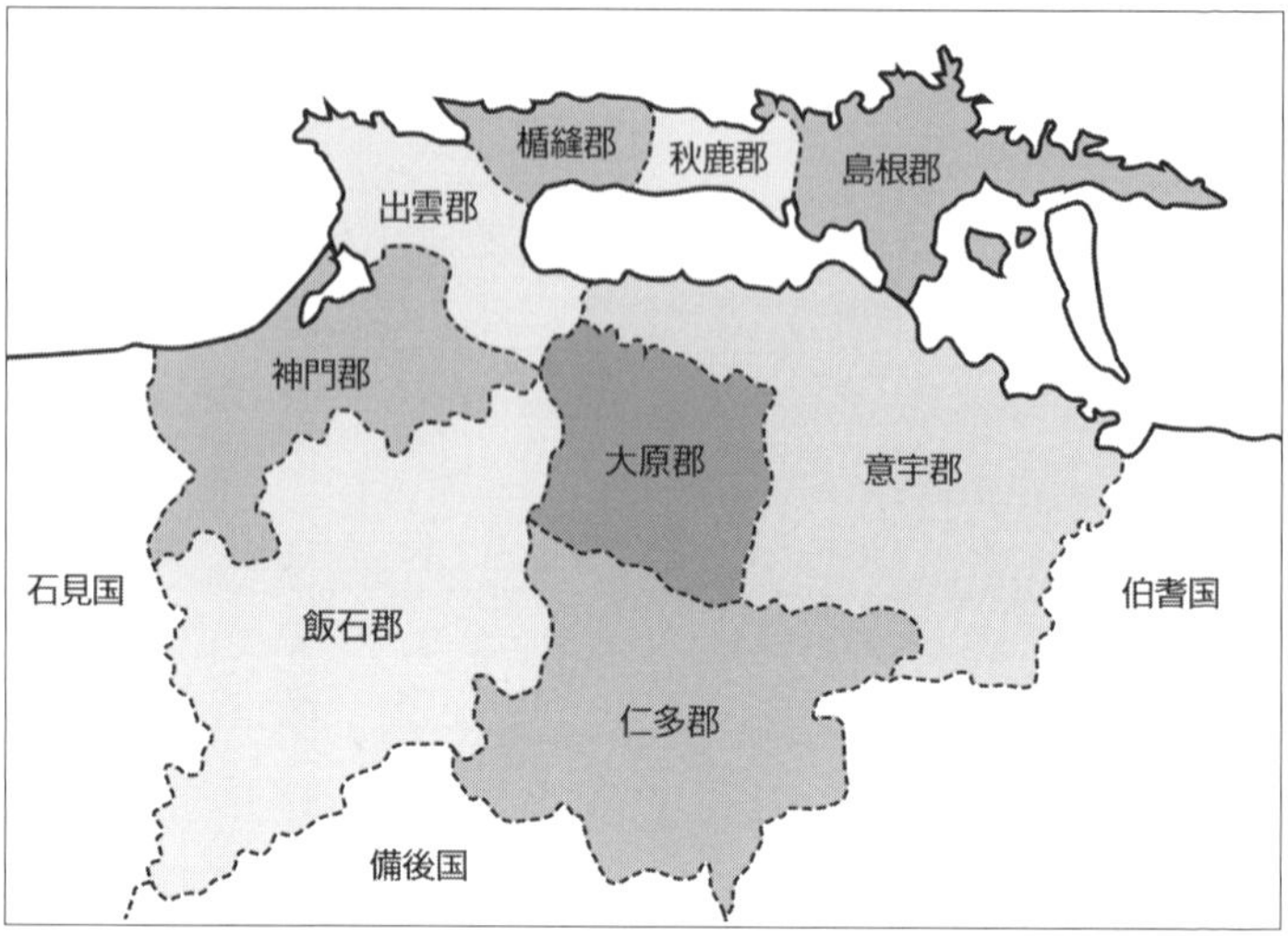

図１—２　出雲国風土記の「出雲」

雲は文化の高い、豊かな土地だったということが想像できます。神話や神社が（お寺も）大量に存在したということは、その地域には有力な権力があり、住民もある程度豊かであった証左でしょう。そうでなければ、それらは維持できなかったからです。

それでは、その豊かさの源泉は何でしょうか？古代神話と「風土記」の世界をじっくり読むと、それは、たたら製鉄冶金による農業道具の開発と、それによる豊饒な農地と食糧だということができます。ヤマタノオロチ伝説の元にもなった斐伊川《ひいかわ》のパワーがあり、それが豊富な文化と食糧、資源となっています。そしてこの地は、日常的に神話と歴史が意識され、それが未来につながっている場所なのです。

「風土記」のベースとなる、東出雲の中心には松江市、西出雲の中心には出雲市、そのまわりに安来市、雲南市、奥出雲町、飯南町などがあります。町村合併の前には、もっと多くの郡と町村がありました。今では消えかけている面もありますが、それぞれの町村に神話にまつわるいろいろなエピソードが存在しています。たとえば、神話に出てくる剣などが、現実に存在するのです。それを実感できる土地なのです。

(2) 出雲はどういう「国」か――幽界を支配する大国主命

出雲を、もう一つの違う側面からみてみましょう。これは出雲大社の主祭神である大国主命(他の神々は基本的にカタカナで示しますが、オオクニヌシノミコトだけは大国主命と記します)の、神様全体のなかでの位置づけの問題です。ヤマトのまえの出雲といってもいいでしょう。

天皇家の祖先といわれているアマテラスは、天の世界、顕の世界の支配者と位置付けられます。それに対して大国主命は、地の世界、幽の世界の支配者となったという考えがあります。

正しいとか間違っているかは別として、出雲という「国」を把握していただくための概念モデルととらえてください。

神道の考え方では、出雲と対極にある概念は伊勢です。伊勢は、伊勢地方ということではなく、アマテラスを中心とした「天津神(あまつかみ)」を中心とした神様の一群を指します。また、その神々が存在する「高天原」を指すこともあります。

これに対し出雲は、「国津神(くにつかみ)」と呼ばれる一群の神様、スサノオをはじめその子孫

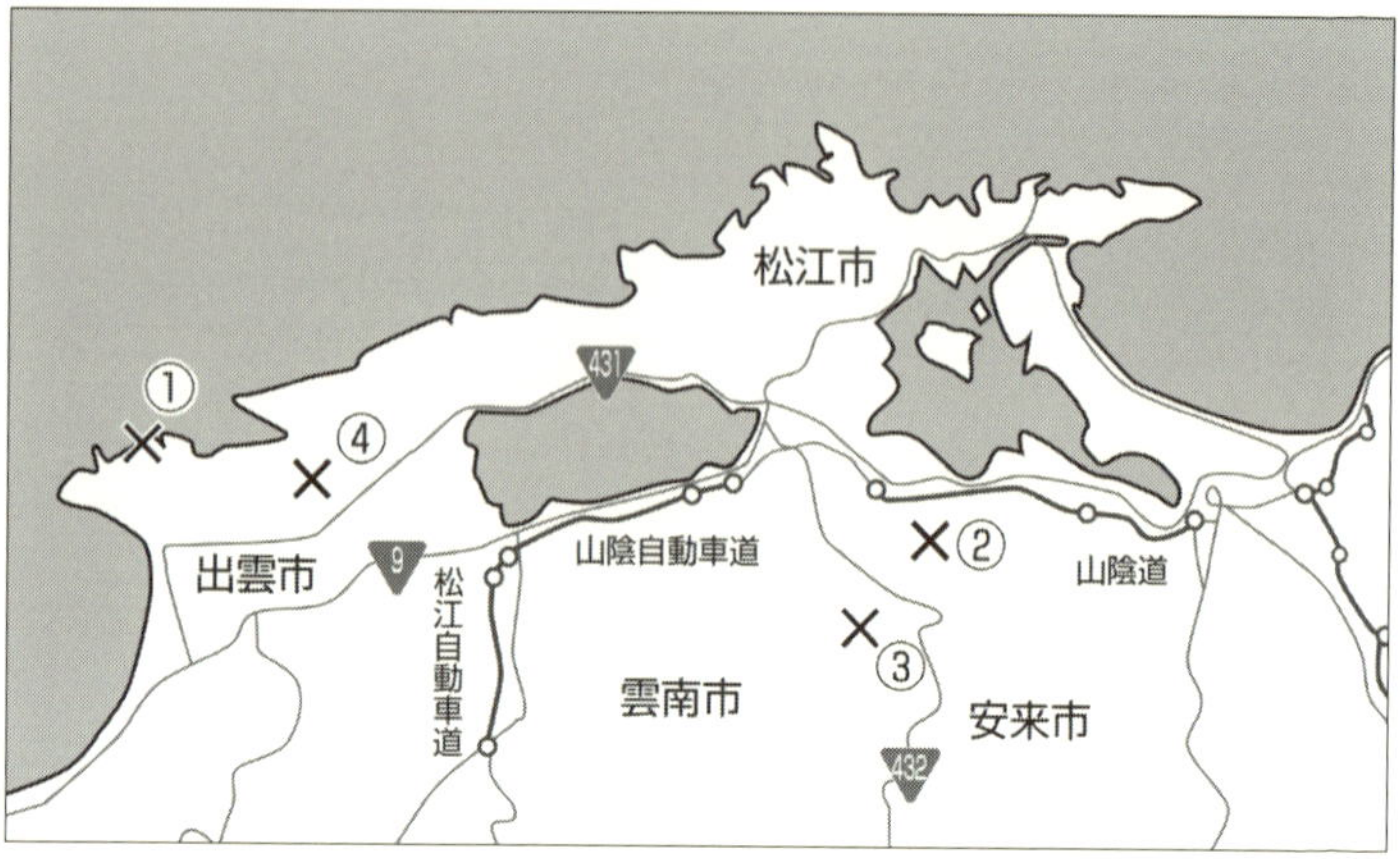

図1—3　黄泉の国の入口候補はいろいろです（①〜④）

の大国主命を中心とした神々を指し、その存在地「葦原中津国」も指します。

ただ、これらの解釈は学者によってさまざまです。「国譲り」（2—1で触れます）のときの交換条件として、大国主命は出雲の大社のほかに、「幽《ゆう》界」の支配者という称号をうけます。幽界といったら黄泉《よみ》の国、死の世界ですね。一方のアマテラスは顕界、すなわち生の社会を支配することになります。また見方によって幽は祭祀、顕は政事、ほかには陰と陽との分け方もあります。日出る伊勢と日沈む出雲という分け方もありますが、これ以上はここでは深入りしません。

このあたりの詳細は2—2で神社との関連でもう少しふれていきます。

（3）出雲には黄泉《よみ》の国への入口が複数個所ある

幽《ゆう》界に関連するのは死者の国である「黄泉《よみ》の国」です。大国主命は黄泉の国の支配者ですから、黄泉の国の入口が出雲地方にあってもおかしくない、あるはずだ、ということにつながります。

たしかに出雲には黄泉の国と現世の境があるとの言い伝えがあります。しかし、「出雲国風土記」と「古事記」では、その場所が異なっているのです。これもミステリーですね。少し検証してみましょう。

まずは「出雲国風土記」では、出雲郡に「……磯より西のほうに窟戸《いはと》あり。高さ広さ各六尺許《ばかり》なり。窟《いはや》の内に穴あり。人入る事を得ず。深き浅きを知らず。夢に此の磯の窟の邊《ほとり》に至る者は必ず死ぬ。故、俗人《くにびと》、古より今に至るまで、黄泉の坂、黄泉の穴となづくるなり。……」とあります。

▼黄泉の国の入口①

黄泉の国の入口にぴったりの場所が、出雲市の猪目《いのめ》洞窟です。

海岸沿いの道に車を止め、下に下りてゆくと岩盤が裂けたような洞窟があり、波の音だけがする中、時が止まったような独特な雰囲気が感じられます。

そこの切れ目は奥行き約50mの海辺の洞窟であり、縄文時代から古墳時代の遺物（人骨、土器、木製品など）が発見されています。日中でも神秘性もあり畏敬を感じる、なんとなく奥に踏み込むには恐ろしい場所です。

図１—４　黄泉の国の入口①猪目の洞窟

図１—５　黄泉の国の入口②黄泉比良坂《よもつひらさか》

▼黄泉の国の入口②

もう一つの入口を紹介しましょう。出雲の黄泉比良坂《よもつひらさか》です。現在の松江市東出雲町にあります。「古事記」には、神代の時代、イザナギは亡くなったイザナミに会いたくなり、黄泉の国に行くという物語があります。そこは黄泉の国と現世との境といわれています。

松江から9号線を東に、JR揖屋《いや》駅を越えると右手に看板があり右折すると、「神蹟黄泉比良坂《よもつひらさか》石碑」のあるところに着きます。池の横を通り石碑と大きな岩が立てられているところが目的地です。この場所は、昼間でもひんやりした涼気に包まれています。なお、近くにはイザナミを祀る揖夜《いや》神社があり、この神社も黄泉の世界との関係が深い重要な神社です。

▼黄泉の国の入口③

黄泉の国に通じる入口が、この他にもう一カ所松江市八雲町にあります。イザナミが祀られている劔《つるぎ》神社です。筆者はまだ未確認ですが、黄泉の国に通じる洞窟があるという伝承が残っています。

神社の名前の由来は、黄泉の国に行き、逃げ帰るイザナギにイザナミが追っ手を差し向けた際、イザナギが剣を抜いたことに起因するといいます。この神社にお参りするには、鳥居をくぐり、約150段の階段を登り拝殿に参ります。本殿の屋根にある千木の切り方が異なる珍しい社です。

図１―６　黄泉の国の入口③劒神社への道

図１―７　黄泉の穴④といわれている穴の柵

▼番外としての「黄泉の穴④」

出雲市奥宇賀《うが》町の山の中腹にちょっと異なる伝説の「黄泉の穴」が実際に存在します。その入口にある祠が夜見神社です。ここは、奥宇賀の「黄泉の穴」と呼ばれています。山の中に入ると鹿よけのバリケードがありそこを入って、「黄泉の穴入口」の看板から谷にくだり、結構急な狭い階段を130m上がると祠に。ここが夜見神社で「黄泉の穴」です。思ったより小さい穴でしたが、地元では「冥土《めいど》さん」と呼ばれているそうです。

ちなみに、大国主命が求婚した女神が隠れたその穴をうかがったという故事より、宇賀という地名になったとあります。

1―2　地域、地勢としての出雲とは

出雲を形成する現在の各市および町について図1―8に示しましたが、歴史をまじえながら個別に少しお伝えしましょう。

▼松江市は県庁所在地の小京都といわれます

奈良時代には出雲の国庁や国分寺が松江地区に置かれていました。その後江戸時代には、堀尾氏二代・京極氏一代・松平氏十代の城下町として栄えました。この頃、松江市の基礎が形成されたと

図1—8　現代の出雲部の行政地図

いわれます。

松江市の名前の由来については、慶長十六（一六一一）年、城主の堀尾吉晴が亀田山に城を築いたときほかの二郷をあわせて松江と称したという説があります。他には、松江城を築いたときに、中国浙江省「淞江《しょうこう》」のように湖が美しく、スズキやじゅん菜を産するところが似ていることから松江と命名したという説もあります。

松江市は、島根県では東部ですが、山陰地方のほぼ中央に位置しています。宍道《しんじ》湖から中海《なかうみ》に注ぐ大橋川により市街地は南北に二分されており、市内には縦横に堀川がめぐらされ、その橋の数は五百にものぼり、「水郷松江」の名にふさわしい街です。戦火をまぬがれた市街地は城下町の面影を色濃く残しています。宍道湖、神社仏閣、温泉などをはじめとする数々の景勝地に恵まれ、国際文化観光都市に指定されています。

▼出雲市は出雲大社や荒神谷《こうじんだに》などの歴史遺跡がたくさん

肥沃な斐伊《ひい》川の下流域にある出雲平野を背景として古代から発展した出雲市は、島根半島の神話の主要部分である出雲の西部から山間部の大部分を含んでいます。特に弥生時代以降は、西谷墳墓群など大型の四隅突出型墳丘墓を造る大きな勢力が存在しました。

記紀神話においては、出雲大社の創建が語られる舞台になるなど、朝廷から重視された西出雲の中心地域です。鎌倉時代には、出雲国守護・塩冶氏が本拠地としましたが、室町幕府に滅ぼされました。幕府より認められた出雲大社領や日御碕《ひのみさき》神社領があったり、市内佐田町の一部は平安時代から京都・石清水八幡宮領だったという歴史もあります。

近世後期以降、出雲平野は「雲州木綿《うんしゅうもめん》」の集散地となり、木綿の生産高が高かったのです。この影響もあり大正時代から昭和三十年代にかけては、多くの紡績工場がつくられ、繊維工業の町となっていました。現在は環境、医療・福祉といった面を中心に展開をしています。県立古代出雲歴史博物館、出雲弥生の森博物館など、「歴史観光」の拠点です。

▼雲南市は神話のオロチ伝説と鉄製造の街

斐伊川沿いのヤマタノオロチ伝説にまつわる地域です。加茂岩倉《かもいわくら》遺跡から出土した国宝の39個の銅鐸、たたら製鉄の関連施設、「出雲国風土記」に記された温泉やその他（さくら・ほたる・滝・棚田）もそろっています。

特に、市内吉田町には鉄の歴史を学ぶ施設が盛りだくさんです。鉄師田部《たなべ》家の土蔵群、鉄の歴史館、鉄の未来科学館で説明をじっくり聞くと鉄の歴史が理解できます。また、菅谷《すがや》たたら山内《さんない》にはたたら製鉄が行なわれた実物の高殿、菅谷高殿が全国で唯一あり、じっくりと説明を聞くことができます。最近、ここは整備、復元されますますその価値は高まっています。

近年「小規模多機能自治」という住民が自治に対して参画につながる仕組みを積極的に勧め、全国にも発信しています。住民主体のまちづくりですね。

▼安来市は安来節や庭園（足立美術館）で有名ですが鉄との関連も深いのです

安来といえば、安来節《やすぎぶし》発祥の地ということで有名です。この踊りはドジョウすくいとして有名ですが、実は砂鉄をとる動作を模したものとも言われています。その背景には、古代より中海（錦海）に面した天然の良港、安来港があります。地名は「出雲国風土記」に「出雲国意宇《おう》郡安來郷」と出ていて、神代からの名称であり、朝鮮半島との交易も盛んで「万葉集」にも登場しています。

市内に数多くある古墳からは鉄製の刀剣、鉄器類が出土しています。江戸期、安来の栄えは、鉄によるもので、そのにぎわいは安来節の古い歌詞の、「安来千軒　名の出たところ　社日《しゃにち》桜に十神《とかみ》山」に、しのぶことができます。

ヤマタノオロチが退治され埋められた後、八本杉を植えた伝承が残っていますが、この八本杉（八杉）が安来の語源とする説もあります。

周辺地方は古くから冶金技術が発達していた雲伯《うんぱく》地方一帯（旧名：意宇《おう》郡）の中心都市であったことがうかがえます。このような背景から映画『もののけ姫』の舞台のモデルともなっています。市内には現在日立金属があり特殊鋼で世界的な製品を作っています。

余談ですが、安来市の十神《とかみ》山の下の海岸でとれる最高級のモズクが有名でした。十神もずくといえばかつての中海の七珍として知られ、とても細く美味しかったのですが、最近は絶滅したようです。

▼奥出雲町はたたらとスサノウ、神話の里

出雲の山間部、いわゆる奥出雲の地は、古事記、日本書紀の八岐大蛇《ヤマタノオロチ》退治や、素戔鳴尊《スサノオノミコト》が降臨したと伝えられる神話の山である船通山などの出雲神話発祥の地です。

しかし今では、山間奥地のハンディを逆手に取った地域資源の活用で、ブランド米である仁多米《にたまい》にはじまり、仁多牛、奥出雲椎茸、奥出雲酒造、高糖度トマトなどの地域ブランド化による産業振興が成功しています。さらに話題性のある亀嵩《かめたけ》温泉、国指定天然記念物の鬼の舌震《おにのしたぶるい》、日本一のトラストアーチ橋がある奥出雲おろちループもあります。

また古くから「たたら」製鉄で栄え、今でも世界で唯一、古来からの「たたら」による実操業を行ない日本刀の原料となる「玉鋼《たまはがね》」を生産している地域です。鉄の歴史を今に伝える絲原《いとはら》記念館、可部屋集成館《かべやしゅうせいかん》などの恵まれた産業遺産を観光・学術資源に活かしている地域です。たたらと棚田により国の重要文化的景観に指定されています。

▼飯南町《いいなんちょう》は自然豊かな里山の街

古くから、石見銀山への街道の山陰と山陽とを結ぶ要所として栄えた町で、自然豊かな、自然の恵みを堪能できる町です。町の総面積の90％以上が山林・原野という緑いっぱいのところです。これを利用した「森林浴」効果を体験できる、「森のホテルもりのす」があり、「森林セラピー」が体験できます。飯南町のふるさとの森には約50人の森林セラピーの方がおられ、森を歩く際のガイドをしてもらえるとか。また、しめ縄で町おこしもしており、町の中では玄関先に通年でしめ縄を飾っておられる家々を見ることができます。

1―3　DNAから見た出雲（人）

最近のDNAなどの遺伝子解析技術の進歩はとどまるところがありません。その成果といってもよい結果が出てきましたので、ここで最新情報として紹介しましょう。国立遺伝子研究所の斎藤茂也教授の研究成果で、日本列島のさまざまな地域の人々の詳細が載っています*。この本には特に出雲地方の人たちの遺伝子を調べた興味深い結果も載っています。

出雲にかかわる、さわりだけを引用させていただきます。わかることは、出雲族は近畿のやまと族、また朝鮮半島、中国北部の民族よりも少し離れて東北人（蝦夷、えみし）に近い傾向をもっています。といっても北海道の蝦夷《えぞ》とはことなっており、沖縄の人々とも異なっているということです。結論を述べましょう。どうも「出雲系の人々の遺伝子は、東北系の人々のものと似ている」というようです。

斎藤先生は当初、朝鮮半島や大陸に近いところから、出雲の人々の遺伝子はそちらに近いと考えていたようですが、どうも近畿地方を中心とするところよりも、さらに関東地区をも通り越してもっと東北地方、とはいっても北海道のアイヌ系までいかないところに類似した遺伝子を見つけられました。

これをどう解釈するかは今後の問題ですが、先生の本では国津神、天津神の対立は、渡来系とその時の土着系の対立、しかし、もともとの日本列島の土着の人々とはちょっと違う混血系かとも示唆されています（＊斎藤成也著『日本列島人の歴史』岩波ジュニア新書）。

出雲弁が東北弁と似ているという話は、松本清張の小説『砂の器』にも載っています。実は、筆者が仙台の大学にいったときに、言葉や風土の面であまり山陰、出雲との違和感を感じなかった直感的な印象にも通じるところがあるようです。図1―9は、日本の方言の分類における類似性を示しています。特に出雲地方は東北の日本海側と強い類似性があることが示されています。（出典：小泉保著『縄文語の発見』青土社刊、1998より）

このDNA分析の結果と方言を考え併せると、関東以北にも出雲系の神社が多い理由の一つがここにあるのかもしれません。どこかで神話の世界が事実に裏付けられた歴史の世界と重なることもあるかもしれません。これらは今後の最先端DNA解析技術などの進展によって、いずれ解明されることを期待しておきます。

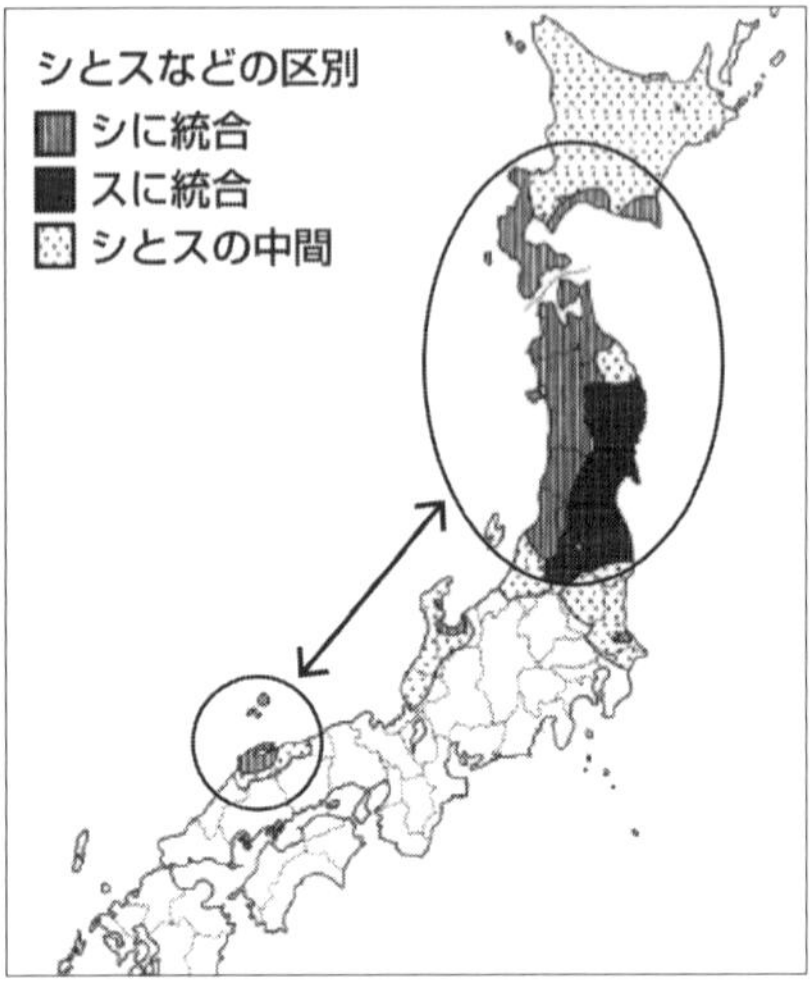

図1—9　東北と出雲の方言の共通性

2章　神話の世界から——古代からの神々と神社パワー

2—1 「出雲国風土記」の舞台から

「風土記」は和銅6（713）年に当時の政府が日本全国に命じて作らせた各地の状況を載せたものです。今で言う地勢、文化、産業、農業、歴史が載っています。その時点の出雲国の状況は、意宇郡、嶋根郡、秋鹿郡、楯縫郡、出雲郡、神門郡、飯石郡、仁多郡、大原郡の9つの郡（今の市町村といった行政府でしょうか）で成立しています（図1—2）。

日本全国で唯一完本が残っている「出雲国風土記」にある各地を、「風土記」片手に巡ってみましょう。ほとんどの地名のいわれが文書として残されているのは他にはないのではと思います。

出雲地方には古いものが十分残っています（開発がされていないという、逆説的な意味での僥倖です）。「風土記」に載っている神話（歴史といえなくもない）を感じながら、神社、温泉、祭り、山、

図2―1　出雲国風土記のイメージ https://www.izumo-kankou.gr.jp/1156

旧跡等を訪ねることは心ときめきます。「風土記」に関する詳細解説や「風土記」内に載っている植物の庭園が松江市大庭町の「八雲立つ風土記の丘公園」にあります。ここも、訪ねてみる価値があります。

(1)「出雲国風土記」の中の神話：「日本書紀」、「古事記」にない物語たち

▼ちょっと違う国譲りのストーリー

出雲国の支配権を巡って大国主命とアマテラスの間でやり取りがあり、「国譲り」という出来事によりこの地上の支配権はアマテラスに、黄泉の国の支配は大国主命が行なうことで決着したと述べました。そして、大国主命は天津神が建てたアマテラスの御殿に匹敵する大きな出雲大社に御隠れになりました、というのが一般的なストーリーです。

これは「古事記」でのシナリオですが、「出雲国風

土記」では違う物語が記述されています。「我《あ》が造り座《ま》して命《うしは》く國は、皇御孫命《スマミマノミコト》、平世《やすくに》と知らせと依《よ》さし奉《まつ》り、但、八雲立つ出雲國は、我が静まり座《ま》さむ國と、青垣山廻《めぐ》らし賜いて、玉と珍《め》で直し賜ひて、守りまさむ、と詔りたまひき」、すなわち大国主命は「国譲り」をしたが、これは出雲以外の地であり「八雲立つ出雲の国は自分が鎮座する神領として…守る」、出雲は自分が治めると宣言しています。

このように、出雲は古代から日本の中心を担ってきた重要な地域です。

▼出雲の4大神

「出雲国風土記」には4柱《はしら》（神々は1柱、2柱と数えます）の「大神」が出雲にはおられると書かれています。それらの神々は、大国主命（所造天下大神）、熊野大神、佐太《サダ》大神、野城大神の4神です。

それぞれ出雲大社、熊野大社、佐太神社、能義神社（野城神社）に祀られています。ここでは能義神社についてだけ少し触れます。現在の主祭神は天穂日命《アメノホヒノミコト》で、高天原から大国主命の下に降りてこられた出雲国造家の祖先と言われています。

・出雲大社　出雲市大社町杵築東
・熊野大社　松江市八雲町熊野
・佐太神社　松江市鹿島町佐陀宮内
・能義神社　安来市能義町

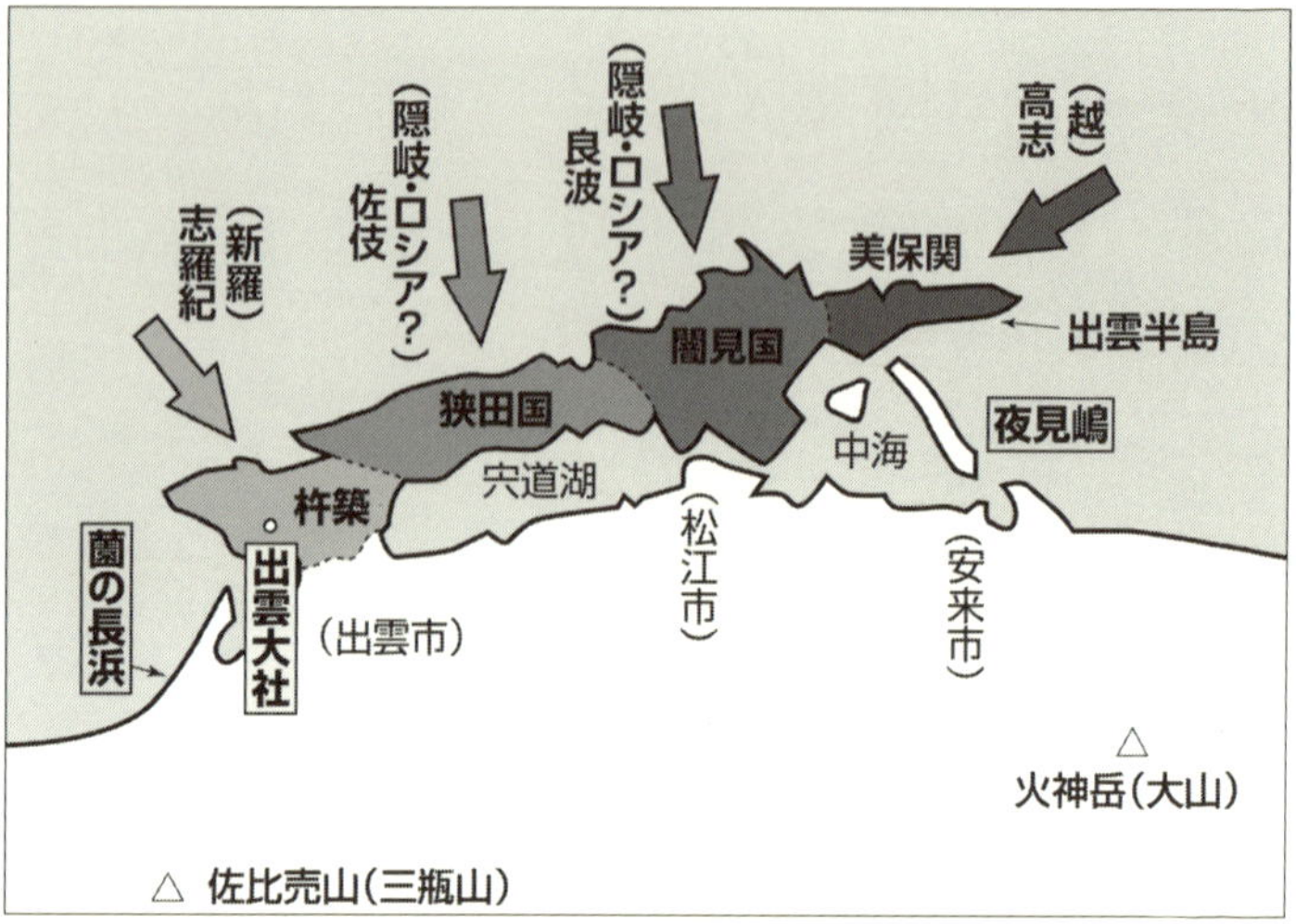

図2―2　国引き神話で継ぎ足されたといわれる地域

▼国引《くにび》き神話

　意宇郡で触れられている国引き神話について述べましょう。これは、八束水臣津野命《ヤツカミヅオミノミコト》が、出雲の国は狭い国であるので、他の国の余った4箇所の土地を引っ張り継ぎ足したというものです。

　この継ぎ足された部分が島根半島の出雲郡の地域であり、綱は薗の長浜（稲佐の浜）と夜見嶋《よみのしま》（弓ケ浜半島《ゆみがはまはんとう》）で綱を引っ掛けたところは、佐比賣山《さひめやま》（三瓶山《さんべさん》）と火神岳《ひのかみたけ》（大山《だいせん》）という雄大な話です（図2―2）。

(2)「出雲国風土記」の中の山々

①4つの神様のお山：カムナビ山

　カムナビ山、漢字は神名樋野《かむなびぬ》、神名樋《かむなび》、神名火《かむなび》などですが、これは単純にいうと神様がいらっしゃる山です。宍道湖の周りを囲む（見守る）4つのカムナビ山があります。漢字が少し異なるのはなぜかよくわかりません。研究者によっていろいろな意見があるようです。

4つの山は、神名樋野　茶臼山《ちゃうす》（松江市山代町）、神名火山　朝日山《あさひやま》（松江市鹿島町）、神名樋山　大船山《おおぶねさん》（出雲市多久町）、神名火山　仏経山《ぶっきょうさん》（出雲市斐川町）。ちょうど宍道湖（昔は海路だった）を囲むようにある山々です。

カムナビ山の一つ仏経山に登りました

出雲市斐川町の荒神谷遺跡の近くの仏経山の登山口は、少し山に入ったところまで車で行き、道の脇にある駐車スペースに車を止め、民家の脇にあります。仏経山の頂上にはＮＴＴの建物（電波塔）があり、そこまで舗装道路があるのですがそこはＮＴＴの専用道路で使えません。

登山口から登山道は整備されている道と、藪をかき分けかき分け登るところが混在してますが、約2時間で頂上に着きました。頂上には「出雲国風土記」によると曾支能夜社《そきのやのやしろ》（現在は麓に曾支能夜神社《そきのや》［出雲市斐川町］が祀られています）の本宮の跡と思われるところや、縄の巻きついた岩が磐座となっており、整備されているというよりも自然な姿で不思議なスポットで、神秘的なところも残っている場所でした。ここからは西出雲地区全体（いまでいう出雲市全体）が眺められ、この地区を潤してきた斐伊川の蛇行するのが一望できます。

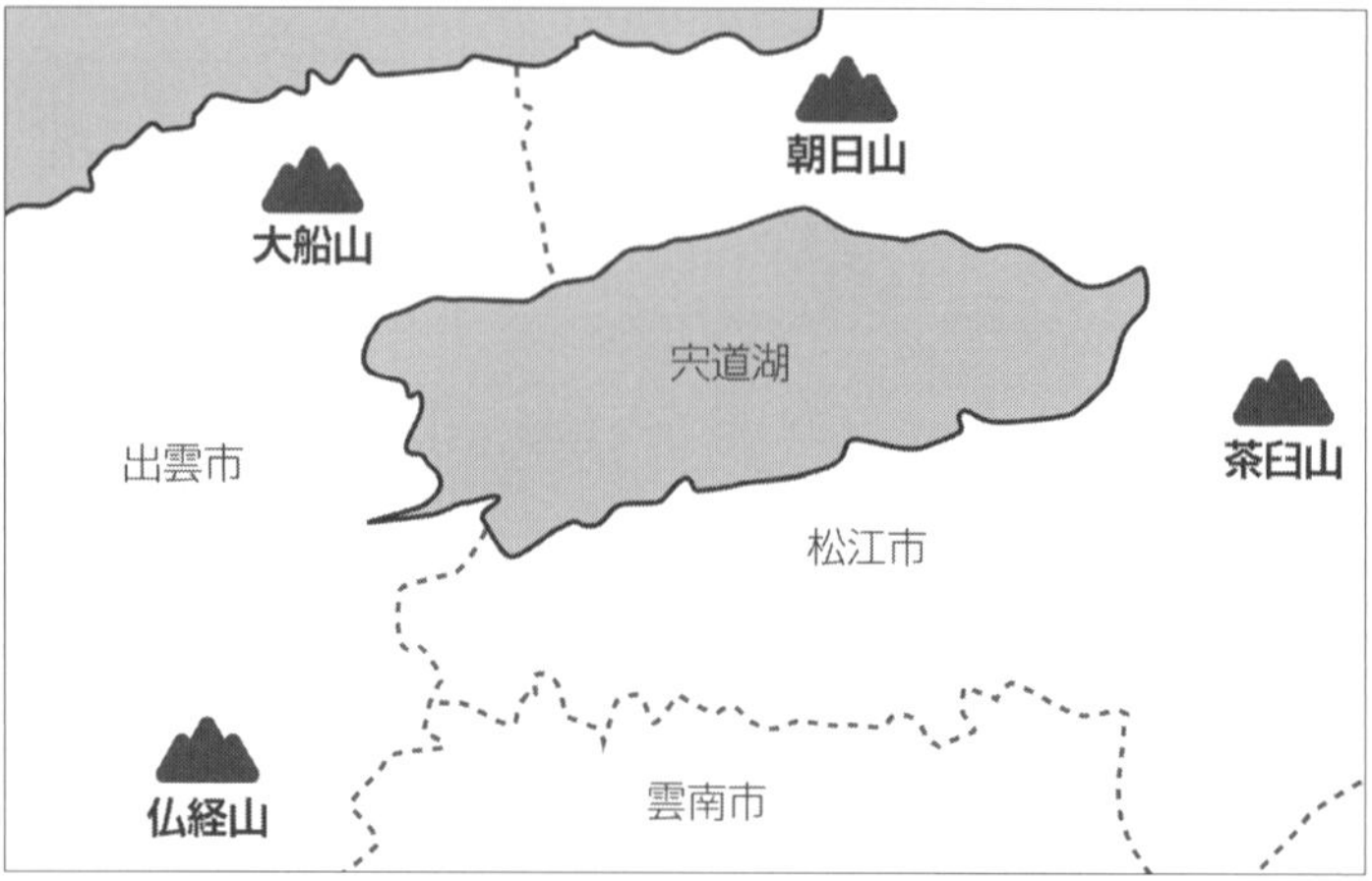

図2―3　出雲地方の４つのカムナビ山の地図

図2―4　仏経山山頂の磐座

②カムナビ山以外の神の山々

▼船通山《せんつうざん》（鳥上［髪］山、奥出雲町）

スサノオがヤマタノオロチを退治したといわれる山です。「古事記」によれば船通山の麓へ降《くだ》ったスサノオは八岐大蛇を退治し、八岐大蛇の尾から得た天叢雲剣《あめのむらくものつるぎ》を天照大神に献上したという歴史に満ち満ちた山です。比婆道後帝釈《ひばどうごたいしゃく》国定公園の一部で鳥取県日南町と島根県奥出雲町の県境にある標高１１４２ｍの山です。

山頂には、天叢雲剣出顕之地の碑があり、国引き物語の両杭である大山、三瓶山が一望できます。国の天然記念物で世界最大の樹齢千年のイチイの巨木があったり、５月の連休頃には、カタクリの花が咲き誇り１時間ほどのハイキングで自然と神話を堪能できます。

▼琴引山《ことびきやま》（飯南町）

出雲では、旧暦の10月は全国の神々が出雲に集まり、神在月というのはよく知られています。この際、神々は琴引山を目指して来られ、頂上に降りられ、川を下り神戸川《かんどがわ》から日本海に出て、引佐《いなさ》の浜から上陸されるとも言われています。

八合目に大国主命の御琴と呼ばれる岩屋が。また、山頂近くに巨石があり、その横の石階段を上がると、そこに石の産道とも言われる割れ目があり（由来には御陰石《みほといし》と記載）、その奥に琴弾山神社（飯石郡飯南町頓原、祭神は大国主命）があります。

図2―5　三瓶山の概観風景

▼**三瓶山《さんべさん》**（現在旧石見国の大田市）

「石見と出雲との二國の境なり」として触れられている「佐比賣山《さひめやま》（三瓶山）」。国引き伝説の中で、小さく狭い出雲の国を大きくするため、海の向こうから土地を引き寄せつなぎ合わせた。その際、つなぎ合わされた土地は島根半島であり、引いた綱は薗の長浜と弓ヶ浜であり、綱を止めた杭は佐比賣山《さひめやま》と火神岳《ひのかみたけ》（大山）といわれます。

三瓶山近傍は、筆者らも小学校の遠足以来、なじみが深い場所です。自然豊かな地域であり、標高800mを超えるところにはブナ林が広がる広大な野原があります。広葉樹林の中に入ると地面もホカホカしており、自然のオーラが感じられすっきりします。

（3）「出雲国風土記」の中の自然と天然の恵み

▼**風土記風景（1）神代からの温泉とその効能**

「出雲国風土記」にいわく、神湯と薬湯などの「霊験灼《あら》たか」との記載あり、これを体験するのもお勧めです。まずは玉造《たまつくり》温泉（松江市玉湯町）、これは「必ず、美容にも病気にも効き、ご利益のある神湯」です。また、出雲湯村《いずもゆむら》温泉（雲南市木次町）は必ず病気に効き、ご利益のある「薬湯」。さらに海潮《うしお》温泉（雲南市大東町）もそうです。

　原文を見ましょう、意宇郡の中に、以下の記述があります。

「…忌部神戸《いんべのかんべ》。郡家《ぐうけ》の正西二十一里二百六十歩なり。国造《くにみやつこ》、神吉詞奏《かむよごとまを》しに、朝廷《みかど》に参向《まゐむか》ふ時のみそぎの忌玉《いみたま》作る。故、忌部と云う。即ち川のほとりに湯を出《いだ》す。出湯の在る所は、海陸を兼ねたり。よりて男も女も、老いたるも少《わか》きも……神湯と曰《い》ふなり」。これは玉造温泉です。

　つぎに、仁多郡の中に、「…飯石郡の堺なる漆仁川《しつにのかは》のほとりに通ふは二十八里なり。即ち、川邊に薬湯あり。一たび浴《ゆあみ》すれば則ちみぬちやわらぎ、再び濯げば則ち萬《よろづ》の病消除《やまいのぞこ》る。男も女も、老いたるも少《わか》きも、昼夜息《や》まず、つらなり往來《かよ》ひて、験を得ずといふことなし。故《かれ》、俗人《くにびと》、なづけて薬湯と云う。……」。これは湯村温泉となります。

「出雲国風土記」には温泉の紹介がもう一箇所。大原郡の中に「……湯淵村《ゆぶちのむら》の川中に温泉《いでゆ》あり。同じ川の上の、毛間村《けまのむら》の川中にも温泉《ゆ》出づ。…」これは、現在の海潮温泉であり、やはり良い温泉であったので紹介したのでしょう。いずれも「名湯」ですね。

　出雲のお湯は、一般的に言うと、特別な成分が含まれていたり、濁っていたりするマニア向けのものとは異なっています。先ほど紹介した風土記の3湯を例にとると、一般的な単純泉系統、無色、無臭の透明系が多いという特徴があります。具体的にはその成分と濃度、泉温が大切なのですが、例えば玉造温泉では、泉質はナトリウム・カルシウム硫酸塩―塩化物泉、効能は神経痛・リュウマチ、外傷後遺症にききます。また硫酸塩・塩化物泉の2つの成分が硬くなった肌や、患部を動きやすくする効果もあるのです。

▼風土記風景（2）たたら製鉄に関する風景

仁多郡（現在の奥出雲町）は、棚田があったり、のどかな風景が広がっています。海外ではこのような鉱山、露天掘りの地域は、自然との共生、循環などは考えず、荒れ果てて荒涼とした地となっています。それに対して、日本では先人が自然との共生、循環を考え事業を展開してきました。石見銀山もその代表例ですが、ここ奥出雲もそれに匹敵する地域です。

「諸《もろもろ》の郷より出す所の鐵《まがね》。堅くして、尤《もっと》も雑具《くさぐさのもの》を造るに堪《た》ふ」とあります。この地域で作られる鉄の優秀性を示しています。また、地域として自然との共生が、永続的に循環させるという智恵と工夫により、成り立っています。

たたら製鉄の歴史と、たたら製鉄の過程で行なわれる鉄穴流《かんななが》し跡を棚田にして耕作地としたそれらの景観は、「奥出雲たたら製鉄及び棚田の文化的景観」として、国の「重要文化的景観」に指定されています。重要文化的景観は平成26（2014）年に制定され、平成27（2015）年段階で全国50件選定されています（たたら製鉄については、3―4で触れます）。

▼風土記風景（3）月の輪神事の祭

意宇郡安来郷（現在の安来市）で触れられている話による祭。この祭はどんなことがあっても続けなくてはならないと地元では信じられ、1300年間続けられています。祭は8月14日～17日の4日間で、この間鉾の山車を先頭に、街を練り歩きます。このもとになった話とは下記のエピソードです。

天武天皇3（674）年、安来郷の長、語臣猪麻呂《かたりのおみいまろ》の娘が毘売崎《ひめざき》海岸で和邇（ワニ、鮫のこと）に襲われ亡くなったという話があります。

月の輪神事はこの娘の霊を慰霊するために行なわれたことが起源とされています。安来市内の4町内の山車が市内を練り歩き、氏神様の賀茂神社、糺《ただす》神社に参拝します。ちなみに山車に飾られる三日月形の紙灯篭は、ワニを槍に串刺しにした姿を模していると言われています。この三日月の形から月の輪神事という名前もつけられました。

山車を引くのは小学生で、「エンヤエンヤデゴデットーヤー」との掛け声でひきます。この掛け声は、方言がなまったもので「みんなみんな、出てきて手伝えよ」という意味だそうです。

▼風土記風景（4）佐香《さか》神社の酒宴祭

出雲の地は、ヤマタノオロチを酒漬にして退治したという伝説がよく知られています。酒宴祭は風土記にも触れられている佐香《さか》神社（松尾神社とも言います、出雲市小境町）での祭です。「神々

図2—6　「どぶろく祭り」の佐香神社

がこの地に集まり、酒を造ってしかも180日間も盛大な宴会をした」と記されていることから〝酒造りの祖〟として信仰を集めています。「……佐香の河内に百八十神等集い坐して、御厨立て給いて、酒を醸させ給ひき。即ち百八十日喜讌《さかみづき》して解散《あら》け坐しき。故、佐香という。」喜讌は酒宴のことです。

この佐香神社の主祭神は久斯之神《クスノカミ》で「酒の神」なのです。出雲市にあるこの神社では毎年10月13日から、翌年2月ごろまで、「杜氏」の皆さんが中国五県、四国・九州・神戸の灘地域からも参詣されるとのことです。また、酒造税法で「1年1石（180リットル）」が許可され（無税で）、神社で醸造された神酒を、大祭当日、参拝者一同いただけるのです。

筆者も、このとき参加する機会に恵まれお参りし、神酒をいただきました。多くの氏子さんが参っておられこのどぶろくをいただいていました。別名「どぶろく祭り」とも言うそうです。

実は日本酒の起源の場所として、いわゆる唎き酒師（日本酒）の人は、皆、佐香神社を知っています。なぜなら、ＦＢＯ（料飲専門家団体連合会）公認の試験にこの神社が出るとともに、試験会場には佐香神社が勧請され、認定証書にはその神様と捺印が記されているからです（図２―７）。出雲の日本酒、出雲杜氏の酒が有名でおいしい理由がここにあります。

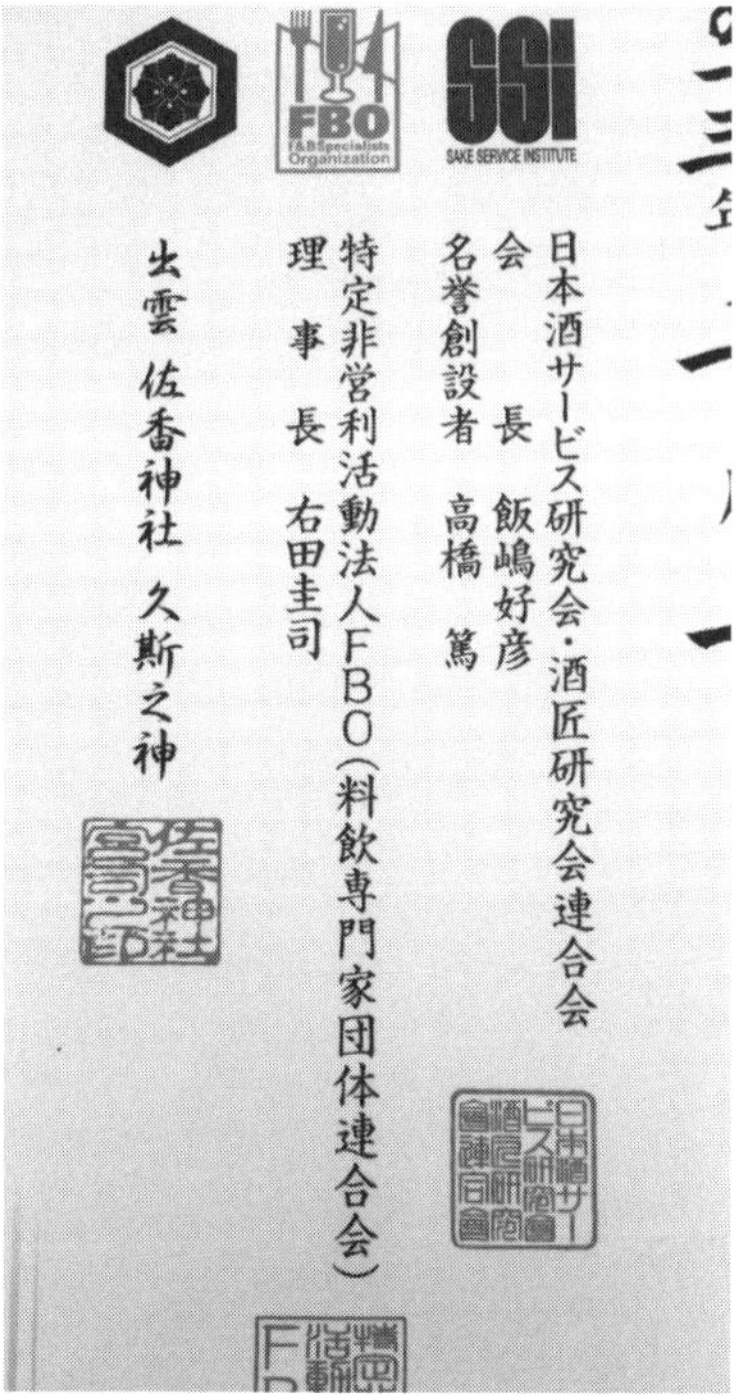

図２―７　唎き酒師の認定者は出雲の神様

2―2　出雲の神々と神社

次に、神話の世界の神様の話です。神様には国津神《くにつかみ》と天津神《あまつかみ》と称される神々がおられます。この両方の神様は対立しているイメージがありますが、図2―8に示しているように結構密接な関係になっています。

(1)国津神と天津神：神々の分類から

▼国津神《くにつかみ》の世界とは

国津神とは、地上の神々です。その1柱スサノオは、天照大神（アマテラス）の弟神で本来、天津神でしたが、その乱暴振りから高天原を追放され国津神になったとされています。そしてもう1柱の国津神の大国主命。多くの名前を持っており、この先の神々や神社の紹介に必要なので、その一部を紹介します。

大国主命（オオクニヌシノミコト）、またの名を大穴牟遅神（オオナムジ）、大穴持命（オオアナモチ）、大己貴命（オホナムチ）、大名持神（オオナモチ）、大汝命（オホナムチ）、八千戈神（ヤチホコ）、葦原醜男・葦原色許男神（アシハラシコオ）、大物主神（オオモノヌシ）、大國魂大神（オオクニタマ）その他、所造天下大神（アメノシタツクラシシオオカミ）等まだまだあります。

また、大国主命はスサノオの子孫、子供という説もあります。その息子である事代主命（コトシロヌシノミコト）、建御名方命（タケミナカタノミコト）。また、スサノオの后姫　稲田姫（イナダヒメ又はクシイナダヒメ）と、その娘であり大国主命の后姫　須勢理毘売命（スセリヒメ）を記憶に留めておいてください。その他、国津神にも出雲系だけでなく多くの神々がいらっしゃいますが、それはその都度触れることにします。

▼天津神《あまつかみ》の世界とは

次に天津神です。天津神とは、高天原（天上界）の神々のことをいいます。イザナミ、イザナギをはじめ、その子供であるアマテラス、息子神の天穂日命（アメノホヒノミコト、出雲国造の祖先

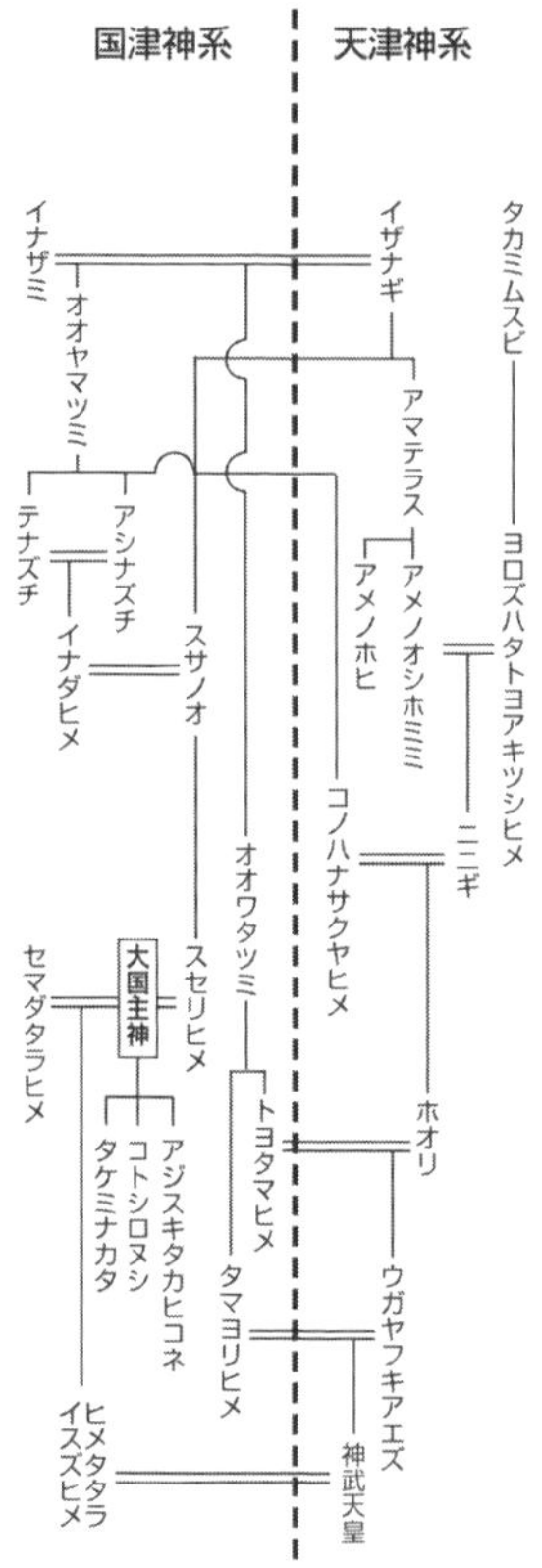

図2—8
天津神と国津神の分類と関係の例

と言われています）らが中心です。

アマテラスの孫に当たる邇邇芸命（ニニギノミコト、天孫降臨し天皇家の祖先と言われています）、国譲りで交渉役となる建御雷命（タケミカヅチノミコト）、さらに、イザナミ、イザナギよりも前の世代の天地開闢の造化3神の1柱の高皇産霊神（タカムスビノカミ）を記憶に残しておいていただくと、これからの話がスムーズになります。

（2）出雲の国津神（大国主命）を祀る神社

出雲における国津神の代表の大国主命の祀られている神社を訪ねてみましょう。

本書での分類は筆者の独自な判断で行なっていることをお断りしておきます。なお、神々が重なっている場合は、各神社などの出されている由緒などで、先に書かれている神を選びました。

▼出雲大社（いずものおおやしろ、いずもたいしゃ、出雲市大社町杵築東）

出雲大社は出雲国の一宮、最も有名な神社で、出雲といえばこの社（やしろ）です。出雲大社の主、大国主命はなんといってもファミリーも含めて話題が多いのです。

出雲大社は平成25（2010）年に60年ぶりの大遷宮が行なわれました。平成20年に御祭神の大国主命が国宝の御本殿から御仮殿に御遷座される「仮殿遷座際」が行なわれ、平成25年に本殿の改修が終了し、本殿に御還りになる「本殿遷座際」が執り行なわれました。その後も、摂社、末社の

図2―9　出雲大社の本殿の千木、鰹木

図2―10　出雲大社拝殿と日本一のしめ縄

第1期改修が平成28年まで執り行なわれました（現在第2期遷宮としてまだ続いています）。

大国主命が本殿修理のため拝殿の中に遷座されている間、本来一般人は入れない本殿に入る機会があり、筆者も参加できました。想像を超えた趣のある建物で、本殿の天井に描かれた「八雲之図」の7つの極彩色の雲も拝見、見事なものでやはり本物は違うと思いました。ただ、八雲と言いながら7つの雲しかない。なぜだろう？（諸説あります……）。もちろん、また60年後にまたそういう機会があるかもしれませんが（!?）、貴重な経験でした。

▼大社の雑学①　出雲大社へのお参りは四拍手

出雲大社ではお参りの際の参拝作法として、二拝四拍手一拝で行なうことはよく知られています。一般の神社では二拝二拍手一拝であり、他の神社とは異なります。

ちなみに、四拍手は出雲大社のほか、宇佐神宮（八幡大神、比売大神、神宮皇后を祀る、大分県宇佐市）と弥彦神社（天香山命《アメノカゴヤマノミコト》、アマテラスの曾孫を祀る、新潟県西蒲原郡弥彦、越後国一宮）でも行なわれています。

▼大社の雑学②　神楽殿の大しめ縄は飯南町で作られています

出雲大社の西側にある神楽殿には、日本一の大しめ縄が掛けられています。巨大な縄は飯南町で作られ、6年ごとに奉納されているようです。長さは13・5m、重さ4・5トン、なにしろ大きいです。このしめ縄を造るにあたり稲わらを使用しますが、田んぼ約1・5ヘクタール分の稲わらを使用するようです。この稲わらは脱穀したものを使用していません。しめ縄を造るための稲を契約農家で栽培し、まだ青い状態で（稲が実をつけ黄色くなる前に）刈り取り使用します。しめ縄を造る体験は、飯南町にある「大しめなわ創作館」で行なえます。

かつて、10円、50円などのコインを、この大しめ縄に向かって投げコインが刺さると良いことがあるという都市伝説があり、多くの観光客が投げるのを目にしたものです。その後、これは、神様に失礼ということで、網でしめ縄が覆われそのようなことはなくなりました。

▼大社の雑学③　神楽殿の前にある日章旗の高さは47m

出雲大社の現在の本殿は高さ24m（八丈）。言い伝えではその昔48m（十六丈）、さらにその昔には96m（三十二丈）あったと言われています。

平安時代の貴族の子供のために作られた「口遊《くちづさみ》」という教科書には「雲太、和二、京三」と記載されています。「雲太」は出雲大社、「和二」は大和国の東大寺大仏殿、「京三」は都の大極殿であり、建物の高さの順番で出雲大社が一番高いとの位置付けでした。これにより48mは可能性があるという意見と、そのように高い建物はあり得ないとの意見がありました。

しかしながら、近年千家出雲国造家所蔵の「金輪造営図」にある宇豆柱と見られる直径1m30㎝の3本の柱が、境内土中から姿を現したことから48mの本殿の存在は現実味を帯びてきました。96

ｍについては、さすがに現実味は今のところ少ないですが、本殿後ろの八雲山がそれに匹敵する高さであるところから、その昔は八雲山の上に祀られていたとの説もあります。それが本当とすると神話やうわさ話も歴史になります。

さて、本殿の西側にある神楽殿の前庭に日章旗を立てるポールがありますが、その高さは47ｍとのこと。これは、昔本殿が48ｍと言い伝えられていることから、それを超えては失礼になるとの配慮から47ｍにしたとのことです。

▼大社の雑学④　大社さんのおかげで、台風は避ける

出雲大社は出雲市大社町にありますが、台風の季節に天気予報の台風の進路予想で大社町近辺が含まれていても、古老の多くは「大社さん（出雲大社）の力のおかげで、台風はこない」と自信満々で語ります。そして、台風はその言葉通り大社町を避ける、なるほどです。

▼大社の雑学⑤　出雲大社にもかつて三重の塔があった！

中世の神仏習合（神は仏が姿を変えて現れているとした）時代、出雲付近を支配していた尼子経久が永正５（１５０８）年、社殿の造営に着手、永正７（１５１０）年に遷宮。その後大永元（１５２１）年から大日堂、三重塔等を大社内に建立し、仏教色を深めました。この時代、出雲大社の祭神はスサノオでした（古代と近世以降は大国主命）。

その時代、出雲大社と鰐淵寺《がくえんじ》（出雲市別所町）とは密接な関係があり、鰐淵寺は別当寺（神社を管理するためにおかれた寺で、神前読経や神社の祭祀を仏式で行なう時の主催者を務める）を務めていました。近世になると、疎遠となり寛文7（1667）年の大造営の際、神仏分離を先駆けて行ないました。

その結果、仏教色は排除され、三重塔などは撤去され、本殿も朱色にぬられたものから現在と同じように白木の本殿へと変わり、祭神も「古事記」などで伝えられる大国主命となり、現在に至っているといわれています。

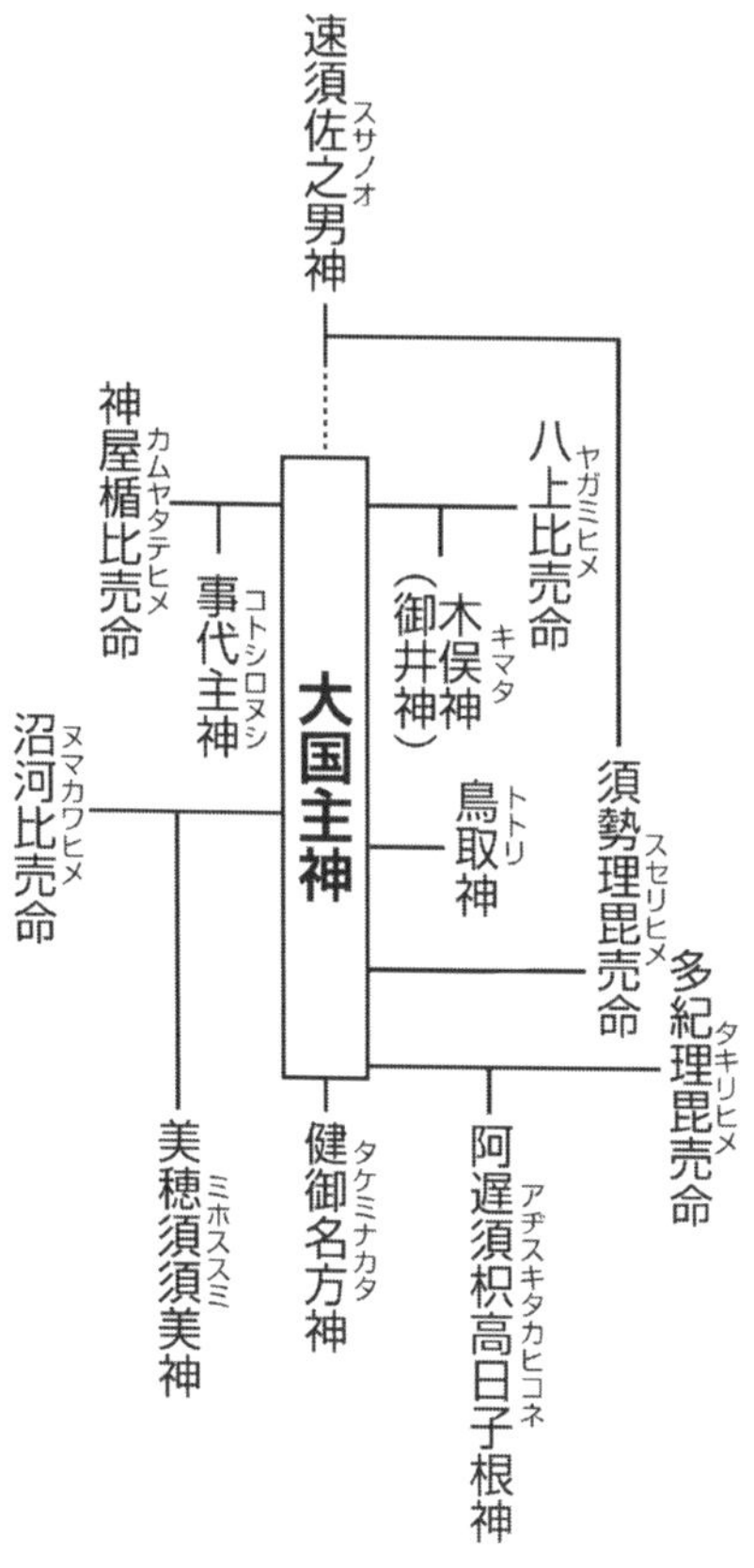

図2—11
大国主を中心としたファミリーの神々

▼**神原《かんばら》神社**（雲南市加茂町神原、祭神は大国主命、磐筒男命《イワツツノオ》、磐筒女命《イワツツノメ》）

神の原っぱという素敵な名前ですが、旧社地にある古墳から「景初三年」の銘がある「三角縁神獣鏡」が出土しました。中国の「魏志倭人伝」には景初３（２３９）年、魏の皇帝が邪馬台国の卑弥呼に銅鏡１００枚を下賜したとの記述があり、三角縁神獣鏡がその銅鏡であるという説もあります。なかなか、心躍らせる鏡です。

（3）出雲の国津神（大国主命のファミリー）を祀る神社

▼**朝山《あさやま》神社**（出雲市朝山町、大国主命のお妃、眞玉著玉之邑日女命《マタマツクタマノムラヒメノミコト》を祀る）

「出雲国風土記」によると、大穴持命がこの祭神である姫神様に恋し朝ごとにかよったので朝山という地名になったと書かれています。美人で気が利き性格の良い誰にも愛される姫様だったそうです。

▼**美保《みほ》神社**（松江市美保関町美保関、事代主命、美保津姫を祀る）

事代主命《コトシロヌシ》（通称えびすさん）は大国主命の長男に当たる御子神です。美保神社は「ご祭神が鳴り物がお好き」ということから、数多くの楽器が奉納されており、いまだに楽器や音楽の奉納が絶えないそうです。

盛大な２つの海上の神事が執り行なわれています。これらの神事は、大国主命から国譲りについ

図２―12　西宮神社

ての意思の確認をする使者が、海上にて釣りをしていた事代主命のもとへ急ぎ駆けつける故事に倣ったものです。静と動の対照的なもので、動は諸手船神事で静は青柴垣神事です。

12月に行なわれる諸手船神事は使者が駆けつける故事に倣い、２艘の船に乗り、水を掛けながら舳先のマッカという飾りを奪い合う勇壮な競い合いの神事です。また青柴垣神事は4月に行なわれますが、事代主命が国譲りを決め、船の周りに青い柴垣をめぐらせ隠れた、との神話の故事に倣って行なわれています。

えびすさん①　西宮神社との関わり

事代主命は「えびす」と称しますが、全国の「えびす」は多くは2系統の神様に分けられます。ひとつの事代主命を祀る代表は美保神社であり、もう一系統はイザナギとイザナミの御子神である蛭子神《ヒルコカミ》です。この蛭子神を「えびす」として祀る代表が兵庫県西宮市の西宮神社です。ここにもちゃんと出雲の神々のファミリーが祀られています。

この西宮神社は、1月10日の午前6時に行なわれる開門神事福男《かいもんしんじふくおとこ》選びで表大門が開かれると、外で待っていた参拝者が一番福をめざして230m離れた本殿に走る姿はテレビなどでも中継され有名になっています。

えびすさん② 美保神社の港、美保関港かいわい、青石畳通り

美保関港は、江戸時代北前船の風待ち港として栄え、海が直接接している街には、海から切り出した青石を敷き詰めた風情のある通りが存在します。狭く、雨にぬれた通りは素晴らしいものです。港と住居と神社が共存している街の象徴といえましょう。

筆者は、ちょうど夕立のあと美保関をおとずれました。案内のパンフレットには「雨に打たれたときにうっすらと浮かび上がる空色。日の加減、光の加減で青が蒼にもなり、碧にもなる豊かな表情が、なんとも風情を漂わせています」。これを見れば、本物を見たいと思うのではないでしょうか。

また、この通りは屋号が掲げられこれも風情があります。昔は出船入船が1000隻にもなったとのことで、にぎやかな背景と歴史を彷彿とさせます。

▼御井神社《みい》（出雲市斐川町直江、祭神は木俣神《コノマタノカミ》）

「古事記」によると、大穴牟遅神（大国主命）と結婚した因幡国の八上比売《やがみひめ》は、子を身ごもり出雲国まで来ましたが、正妻の須勢理毘売《スセリヒメ》を畏れ、生まれた子を木の俣に置いて帰りました。そのため、その子は木俣神と呼ばれています。

神社の周りに、出産のときに使った3つの井戸があることから「みいどさん」とも呼ばれています。安産で有名な神社であり、筆者も含め3代にわたり（多分その前の世代も）御世話になったご利益のある神社です。

御井神社と筆者のエピソード

筆者の1人には長女と長男がおり、その子どもたちの誕生前後の実話です。

まず、長女。妻は筆者と同じ出雲部の出身で、お産は筆者の仕事の関係で、東京近辺の病院に通っていましたが、妻の実家の母親が、安産の信仰を集めている御井神社にお参りし、宮司さんに観ていただいたのです。

そのときに「2月5日の朝方生まれます」とのお話があった旨連絡がありました。妻は、お参りしてもらったことは感謝していましたが、実際の生まれる日については信じてはいませんでした。5日の前日も、そのような気配もなかったのに、ぴったり当日の朝方にちゃんと生まれたのです。

そして、長男のケース。このときにも、実家の母親は御井神社にお参りし、宮司さんに観ていた

図２—13　御《み》井《い》神社

図２—14　御井神社内の狛犬

だきました。その結果のお話は、「観《み》えません。6月25日から7月2日の間でしょう」と約1週間の期間のお話をいただいたのです。

長男は、予定日を過ぎても生まれず、医者は大きくなりすぎると大変だということで、陣痛促進剤を注射。その結果神主さんの言われた期間中の日の6月30日に生まれました。2回とも、観ていただいたとおりになったのは事実です。繰り返しますが、これは実話です。

時は巡り、その長女の出産の際には、当然筆者が夫婦でお参りに行き、おかげで無事安産でした。ただ、今の宮司さん（長女、長男の時に観ていただいたのは先代の宮司さん）は、「誕生日は、現在の医学の進歩により分かるので、観ることはしません」とのお話でした。まさに、時代の流れに即したお話であり、ちょっと残念ではありましたが納得しました。今後も、そのような機会があればお願いしようと思っています。

戌の日には、沢山の方がお参りに来られています。また神社内には、可愛い狛犬があり、これもお参りの際には是非ご覧ください。狛犬の足元に子供の狛犬が。安産の神様の神社にふさわしい狛犬です。

(4)スサノオとそのファミリーが祀られている神社

▼**熊野《くまの》大社**（松江市八雲町熊野、祭神は櫛御気野命《クシミケヌノミコト》、スサノオの別神名）

出雲大社と熊野大社は深い関係があり、出雲大社をお祀りする出雲国造は、元々はこの熊野大社をお祀りしていた方々という話もあります。出雲一宮といわれています。出雲大社と並び特色がよく現われている祭が鑽火祭《きりびさい》です。この祭は、出雲大社の宮司が「古伝新嘗祭《こでんしんじょうさい》」に使用する神聖な「火」をおこすための臼と杵を受け取るために、熊野大社を訪れるというものです。

出雲大社は長さ1メートルある大きな餅（神餅）を箱に納めて持っていきます。熊野大社の神職は出雲大社の餅のできばえについて、色が悪いとか去年より小さいとか形が悪いなどと文句をいいますが、出雲大社の神職はひたすら聞き手に回ります（亀太夫神事《かめだゆうしんじ》と呼びます）。このときばかりは、熊野大社は出雲大社より優位に立つのです。祭神が義理の父子だからか、大いに謎めいた神社であります。

▼**八重垣神社**《やえがき》（松江市佐草町、祭神はスサノオとその后神の櫛稲田姫《クシナダヒメ》）

神社の名前は、ヤマタノオロチを退治したあとにスサノオが詠ったとされる「八雲立つ　出雲八重垣《いずもやえがき》　妻籠《つまご》みに　八重垣つくる　その八重垣を」に因んでいるとされます。

神社の奥にはクシナダヒメが鏡代わりにしたという「鏡の池」があり、ここは縁結びの占いの池として信仰されています。神社で頂いた和紙に百円や十円硬貨をのせ、浮かべてお祈りします。用紙が早く沈むと（15分以内）良縁が早く、遅く沈むと（30分以上）縁が遅れると言われています。また、近くで沈むと身近な人、遠くで沈むと遠方の人と結ばれるとされています。筆者がお参りした際も、多数の若い女性が祈りを込めていました。

図２—15　熊野大社

図２—16　八重垣神社

図２―17　須我神社の奥宮の巨大な磐座（夫婦岩）

▼**須我《すが》神社**（雲南市大東町須賀、祭神はスサノオ、稲田比売命）

スサノオがヤマタノオロチを退治した後、稲田比売命との住まいをこの地に定め宮造りをされた神社と言われています。この際、雲が立ち上る光景を見て「八雲立つ……」と詠われたことより「和歌発祥の地」といわれます。

この神社から、北に約２㎞の所にある八雲山《やくもやま》には奥の宮として夫婦岩が祀られ、大小二つの岩にもう一つの小さな岩が並んでいます。

▼**須佐《すさ》神社**（出雲市佐田町須佐、祭神はスサノオと稲田比売命）

日本で最大の霊気を感じるパワースポットとしてTV番組でも紹介されました。それは本殿の背後にある樹齢１３００年、高さ30ｍといわれる杉の巨木です。ここにも、大勢の人がお参りし、パワーをもらっています。筆者もここを訪ね、お参りした際には大杉のパワーを感じ、吸収させていただき、パワーアップをしたようです。

須佐神社には7不思議と呼ばれるものがあります。この7不思議というのは、神話につながる切り口を与えてくれるものです。その一つが本殿前の小さな池で、スサノオ自ら「潮を汲み此地を清めた井戸」です。これがなんと日本海に続いており、満潮の時は潮の花をふくというのです。分析の結果は新陳代謝系によく効く「芒硝含有食塩泉」で弱アルカリ性だそうです。

▼韓竈《からかま》神社（出雲市唐川町、祭神はスサノオ）
神社は出雲市の北山山系の山奥ともいえる唐川《からかわ》にあり、この唐という漢字からも大陸とのつながりや異国情緒も味わえます。鳥居の近くには大きな岩（石船と称する）があり、スサノオが大陸（新羅）から「鉄器文化」などを伝えた際に乗って来た大きな船（石）と言い伝えられています。

うっそうとした山の中に入り、鳥居に着き、上を見上げると、約300段以上の大小不揃いの石の急な階段で、何度も休憩をしながら上がると大きな岩にぶつかります。これで最後かと思うと、岩に隙間が見えます。なんと岩の割れ目の間、巨岩と巨岩の間を通り抜け（幅は40㎝ちょっと）社に到着できます。

苦労して社に到達すると、やったという達成感が得られ、良い景色に出会えます。かなり大柄の人はこの最後の隙間が物理的に通れないこともあるかもしれません。年配者にはこの隙間のところ

図2―18　万九千神社《まんくせん》

は足元が悪く、傾斜もありきついので覚悟が必要ですが、その達成感は言葉では言いつくせません。

　この神社にお参りする際は、（特に年配の方は）同世代の方とこの階段を登ることがポイントだとのこと。若い方と一緒であると、途中できつくなった際にギブアップしやすくなるのだそうです。一方、同世代の方と一緒であると、やはり負けるかという気持ちになり気がつくと社に着いているとのこと。なるほどと思います。

▼万九千《まんくせん》神社（出雲市斐川町併川、ご祭神は櫛御気奴命《クシミケヌノミコト》またの名を熊野大神、大穴牟遅神《オオナムチノミコト》）

　祭神はひらたくいうと、スサノオと大国主命です。この神社は、神在月に出雲に来られた八百万の神々が縁結びなどの審議をされ、それぞれの神社に戻られる際に、宴会をされ、その後御発ちになるという由緒ある神社です。そのお送りするために、行なわれるのが神等去出祭《かろさでさい》です。この時期には忌み祭といって、おとなしくしていないと、神等去出《かろさで》ばあさんに尻を撫でられるという、子供ごころに怖い話で戒められていた記憶があります。

▼**稲田神社《いなだじんじゃ》**（奥出雲町稲原、祭神はスサノオの后神、稲田姫命《イナダヒメ》（櫛名田姫ともいわれる）

稲田姫は足名椎命《アシナヅチミコト》と手名椎命《ツナヅチミコト》が稲がたわわに実る神田に向かっていた途中の、池のほとりで生まれました。よって、稲田姫と名付けられたとのことです。境内周辺には産湯を使った「産湯の池」があります。神社の境内には、奥出雲町産蕎麦粉１００％を使用した、十割蕎麦を提供する「姫のそば　ゆかり庵」があります。ここは、神社の社務所を使い提供しており、参拝者の方々が多く利用されています。

２―３　出雲の中に混在する神々の秘密

（１）出雲の国津系の神々の神社（大国主命・スサノオとそのファミリー以外）

▼**佐太《さだ》神社**（松江市鹿島町、祭神は佐太大神）

「出雲国風土記」に述べられた４大神の一柱で、祭神は猿田彦大神と御同神とされています。出雲国の二宮で、本殿は正殿、北殿、南殿の３つからなる壮大な大社造りです。壮大な神社であり神話もたくさんありますが、なぜか「古事記」、「日本書紀」には出てきません。

佐太神社では、神楽である佐陀神能が、伝統を守り、大衆ではなく神様向けに「神事」として行なわれており、平成23（2011）年にユネスコの無形文化遺産に登録されています。

▼長浜《ながはま》神社（出雲市西園町上長浜、祭神は八束水臣津野命《ヤツカミズオミヅノミコト》）

長浜神社は「出雲国風土記」の最初のエピソードである国引神話の主人公である八束水臣津野命を主祭神としている神社です。秀吉の朝鮮出兵の際の百日祈願で知られます。加藤清正、福島正則などの武将も参拝。朝鮮出兵が当初連戦連勝であり、功績有とのことで、秀吉から恩賞もあったと言われています。この神社で、お賽銭をいれ二礼二拍手一礼でお参りすると、賽銭箱の上に置いてある獅子舞の人形がにわかに獅子舞の音楽を奏で踊り出します。

八束水臣津野命を祀る長浜神社においては、国引神話にちなみ、毎年10月「ジャンボ綱引き大会」を実施しています。これは、1チーム10人での対抗戦。ただし、綱は直径84㎜、長さ40ｍとのことで片手では持てず、両手で抱えて境内の砂の上で綱引き競技をします。

▼富《とび》神社（出雲市斐川町、祭神は八束水臣津野命）

斐伊川の肥沃な平野のなかにある豊かな地域を富村といい、ここに富神社があります。今では「富」と言う漢字からお金に関するご利益があるということで、多くの参拝者がいます。神社の脇にお守

図2—19　富神社の「富待石」

図2—20　意宇の杜

りが置いてあり、これは「富待石」という片手の中に入るくらいの大きさの石です。ご利益があります。

意宇社《おうのもり》（松江市竹矢町）

「出雲国風土記」によると、八束水臣津野命が島根半島を各地から引寄せた「国引き」を終えた後、「意恵《おえ》」と言われて杖を突きました。その場所には草木が生い茂ったとされ、その場所が意宇社です。場所は田の中にあり、別に神社や鳥居があるわけではありません。思ったより小さく見つけづらいところですが是非行ってみてください。一仕事終えた後、終わったという気持ちが感じられるようなところでした。しめ縄で飾られ、土地の方が丁寧にお参りされている様子も感じられます。

冬にお参りしましたが、目を上げると田んぼの向こうに雪をかぶった大山が綺麗に見えました。

▼金屋子《かなやご》神社（安来市広瀬町、祭神は金山毘古《カナヤマビコ》、金山毘売《カナヤマビメ》）

全国の鉱山、鉄冶金関係の神様のパワースポットとなっています。ここが全国で１２００社を超える金屋子神社の総本社とされます。製鉄、冶金の仕事にかかわる人々の信仰を集めています。昔から日本のたたら場、近年には会社の敷地の中の鋳物工場などでは必ず金屋子神社が祀られているという定番神社です。

例えば、田儀の櫻井家のたたら跡地には、立派な金屋子神社だけが今も残って祀られています。

図2—21　田中神社

縁切り神社もあります

出雲には、縁結びのパワースポットが出雲大社を筆頭にいくつも存在しますが、実は縁切り神社もあるのです。田中神社（松江市鹿島町、佐太神社の摂社）で2つの社が、背を向けて建っています。

主祭神は木花開耶姫命《コノハナサクヤヒメノミコト》と磐長姫命《イワナガヒメノミコト》がそれぞれ祀られています。高天原の天照大神の孫である邇邇芸命《ニニギノミコト》（天皇家の祖先と言われる）が高千穂に降臨した際、大山津見神《オオヤマツミ》は娘神の木花開耶姫命と姉の磐長姫命の姉妹を輿入れさせました。

しかしながら木花開耶姫命は美人であったので受け入れましたが、磐長姫命は不美人であったため送り返されました。

これに怒った父神の大山津見神は、邇邇芸命に子孫の寿命は限りあることを告げました。よって、天皇家の方々も神々ほどは長くはないということになったのだそうです。よって、木花開耶姫命を祀る神社は縁結び・安産、磐長姫命を祀る神社は縁切りの「ごりやく」があるそうです。

図２―２２　神魂《かもす》神社

(2) 出雲にある天津神を祀る神社

出雲には、天津系の神社も多数あります。これには長い歴史とミステリーがありそうですが、そこにはあまり立ち入らないで、事実関係だけを紹介しましょう。

▼**神魂《かもす》神社**（松江市大庭町　祭神は伊弉冉《イザナミ》。イザナギも祀られています）

神社の読み方からして神秘的ですが、入り口で手を濯いだ後、階段を登るとそこは拝殿がどんと

図2―23　日御碕《ひのみさき》神社

存在します。まずはその位置関係に圧倒されます。本殿の天井には九重雲が描かれていると言われており（ちなみに出雲大社の本殿は七重雲でした）、「八雲立つ……」との和歌との兼ね合いなど謎がいっぱいです。本殿は、現存の大社造りの社殿としては最古のもので、国宝に指定されている神社のパワーをふんだんに感じる、神社好きには必見の御社です。

▼**日御碕神社《ひのみさきじんじゃ》**（出雲市大社町日御碕、祭神はアマテラスとスサノオ）

島根半島の西端、出雲大社のさらに先にある神社です。石積みでは日本一の高さの灯台のある日御碕に日御碕神社があります。この神社は天津神であるアマテラスと国津神であるスサノオの妹弟が主祭神として祀られています。それぞれの社殿は、見晴らしはアマテラス、高さ（位置）はスサノオと両神様のバランスをとっています。社殿は江戸時代に徳川家光が命令し造営された朱塗りの見事な権現造りで、重要文化財です。

▼**揖屋《いや》神社**（松江市東出雲町揖屋、祭神は伊弉冉《イザナミ》）

「出雲国風土記」の意宇郡に伊布夜社《いふやしゃ》と記され、黄泉の国の入口の黄泉比良坂《よもつひらさか》の近くにあります。風情のある立派なお社で、ここで神社に関係する方にお話をうかがったことは次の2点です。実際に地元の方に話をうかがうとさらに歴史の理解が深まり印象深いものです。

①出雲大社の創建にかかわった社であると「日本書紀」に記載されている。

②本殿は大社造りで、神座は出雲大社と反対で、左から右に向かっている。

イザナミが葬られる比婆山

「古事記」によると、イザナミは大八島を産み、その後、神を産みました。その中で火の神を産み、イザナミは亡くなるのです。そして「神避《かむさ》れる伊耶那美神《いざなみのかみ》は、出雲国と伯伎国《ははきのくに》との境の比婆之山に葬りき」とあり、各地にここがイザナミが葬られている比婆山であるとの言伝えがあります。その中でもっとも当てはまると言われているのが安来市伯太町にある比婆山です。

比婆山（安来市伯太町）は、頂上に奥の宮である比婆山久米神社（イザナミを祀る）とイザナミの墓である御神陵があります。ここへは、いくつかのルートがありますが、筆者等は、山の麓にあ

図２―２４　揖屋《いや》神社

図２―２５　イザナミの御神陵がある比婆山（安来市伯太町）

る久米神社（拝殿と思われる）から山道を上がりました。

頂上に上がる途中には、「玉抱石」と名付けられた石があり、この石に子供に恵まれない人が触れ、イザナミに祈ると子供に恵まれるという「霊石」がありました。

この他、松江市に明治33年に宮内省がイザナミの有力な墓の場所として認めた場所があります。そこは、松江市八雲町の神納峠《かんのうとうげ》にある岩坂陵墓参考地で、宮内庁と示した鉄の扉と金網の柵で厳重に管理されています。劔神社の近くです。実は全国にイザナミの墓とされる地は数十カ所あります。

▼因佐《いなさ》神社（出雲大社境外摂社、出雲市大社町杵築北、祭神は武甕槌命《タケミカツチノミコト》）
大国主命と国譲りの交渉をしたとされる稲佐の浜の近くの神社。小さいながらも、きちっと整理された神社です。近くには、出雲大社の境外摂社がいろいろあり、歩いてお参りするのもお勧めです。

▼鹿島《かしま》神社（出雲市武志町、祭神は武甕槌命《タケミカツチノミコト》）
筆者の実家は出雲市武志町《たけしちょう》ですが、「古事記」のなかに武志町が「多芸志の小浜」として出ています。

その「古事記」の記述は次のとおりです。

「出雲国の多芸志《たぎし》の子浜《をばま》に、天の御舎《みあらか》を造りて、水戸神《みなとの》の孫、櫛八玉神《くしやたまの》、膳夫《かしはて》と為りて、天の御饗《みあへ》を献りし時に……」

これは大国主命の国譲りの条件を受けいれてくれたため「高天原の神々のために出雲の多芸志の

小浜（武志）に立派な宮殿を造り、水戸の神（水門の神）の孫の櫛八玉命《クシヤタマ》が膳夫（料理を含めた接待役）としてもてなした」とあるところです。

斐伊川下流地域は、たびたびの大氾濫により、日本海にそそいでいた斐伊川の流れが変わってしまいました。それ以前は宍道湖が内海になっており、その浜辺が武志（多芸志）になっていたのです。

たしかに武志町には国譲りの接待をする場所とされた膳夫神社《かしわでじんじゃ》の跡があったりします。この櫛八玉命《クシヤタマ》を祀る神社が鹿島神社です（合祀されています）。神社は天津神である武甕槌命《タケミカヅチ》と経津主命《フツヌシ》と天鳥船命《アメノトリフネ》をご祭神として祀ります。

合祀されている膳夫神社の神、櫛八玉命は料理の神としてのご利益もあり、料理をされる方は是非お参りされてはいかがでしょう。

2―4　日本中に散らばる出雲系神社の謎

出雲系神社は、不思議なことに東から西へと日本全国に散らばっています。アマテラスを代表とする天津神系の神々は律令制度のもと日本全国に広がったと考えられるのですが、被征服者である国津神系の神様の代表ともいうべき出雲の神々が、どのように広がったのかは、いろいろな説があり、定説がない状態です。

ここでは、その理由を若干類推したのちに、全国の出雲系の神社を東日本と西日本に分けて紹介してみましょう。出雲系の神々を祀った神社はきわめて多くあるので、そのごく一部の神社の名前と祭神のみを紹介します。また、西日本のなかで大和（奈良）と京都は特徴があるので、別項として歴史的背景を述べてみます。

（1）出雲の神が全国に坐（います）るのはなぜか

なぜ、出雲の神は全国に祀られているでしょうか？

ここでの出雲系の神々とは原則的に、大国主命、その息子のコトシロヌシ、タケミナカタ、さらにスサノオとその奥方のイナダヒメに限定します。ただし例外的にこれらの神々との関係が明確な神々も、ここでは取り上げることもあります。

筆者なりに大きく分けると、出雲地方（経由を含む）から拡散する際の駆動パワーとして次の5つの可能性を想定してみました。

①神霊、祟りよけ祭祀用の講など伝道による拡がり（ご利益、厄除けなど）……たたり
②稲作をはじめとする、種籾、保存用土器などの伝播（農業技術に伴う広がり）……食にかかわる
③金銀銅、鉄などの鉱山冶金技術の伝播（穴を掘り、採掘し、火や水で選鉱、精錬をして金属を取り出す技術）
④医療・医薬の神様としての普及：過酷な各種作業（例えば冶金作業、さらに農作業などの労働）

に伴う医薬、目などの治療薬や信仰の拡がり

⑤政治的な支配、征服に伴う住民の退避、避難（国譲りによる避難民的な考え）……部族ごとの駐在・移住など

実際はこれらの効果やご利益が複合化されて広がったものでしょう。筆者が各地の出雲系神社にお参りしたことによる感覚ですが、なかでも③の説が支配的だったのではと考えています。古代では「鉄」「銅」という金属材料の存在は圧倒的価値であり、武器、農機具、家、道具などをつくる際にも、金銀銅などを採るにも重要な材料でした。鉄などの金属を所持した人たちは衣食住的に豊かになり、その地の支配権力となり、金属を祀る出雲系の神社を奉じていったのです。

たとえば旧武蔵国の中心を流れる荒川流域には、古来多くの鉱山とそのあとが見られます。その地は、もともとの地の神々（磐座信仰も含む）との相性の良い出雲系神社の存在と重なります。この歴史についてはこれ以上述べませんが、出雲発（経由も含む）技術に伴う流れとすると、いろいろとつじつまがあってくるようです。

▼出雲系の神様の神社かどうかの見分け方

皆様の身近の神社が出雲系かどうかは、まずは祭神として祀られている神様の名前を調べます。先ほどの神社系列や出雲系神々のファミリーの名前から類推できるかと思います。

ここではさらなるヒントとして、神社の名前からの類推例を紹介します。名前もときの状況に応じて変遷しますが、たとえば神社名に次の字がある場合には先祖は出雲系かもしれません。これはあくまでも筆者の経験則ですので、外れてもご容赦ください。

オオクニヌシ系では、自然系、鉱山系として「穴」「金」「剱」「嶽」「磐」「岩」「土」「森」「樹」「杉」などです。

神話とのかかわりでは「国」「玉（魂）」「伊豆（いず）」「子（ね）」「大国（大黒）」「総社」などです。

関東でも神奈川、千葉など海に面したところの神社には、海路の流通系として「金比羅」さんだけでなく「船」「磯」「海」「潮」の名前がある神社も、その可能性があります。

スサノオ系では、同じような自然系ではヒ（火）に始まる「氷（斐、簸）川」「熊野」「八坂」「八雲」「牛」また「スガ（須賀）」「ソガ（素鵞）」「スサ（素戔）」などのスサノオの名前の一部などです。

あとは実際に神社の祭神名や歴史を現地やネットで多面的に確かめて確認または実地検分するとよいでしょう。

出雲系（国津神系）の神社は、自然を畏れ敬う信仰（山、河川、磐座、巨木など）の発想からスタートしています。このため神社自体は、本殿・拝殿などがない状態でも祭祀場、交流の場、災害時の避難地として成り立っていました。

別の位置づけとしては、権力者の権威を高める武器庫であり、駐屯地であったとも考えられます。

ぜひ神社お参りの際には拝殿だけでなく、本殿と裏のほうの摂社・末社（先祖や親戚）、境内の神木（鎮守の森）や岩石などの自然にも目を配りましょう。ご利益が増大すると思います。

（2）全国に散らばる出雲系神社の例：東日本編

北は北海道から東北、関東、中部地方まで、ほとんどの地域に出雲系の神々は存在しています。特に関東は、武蔵の国はほとんど出雲族の支配下にあったといわれる地域でもあり、数多くの出雲系神社が存在することに改めて驚かれるでしょう。

▼北海道・東北における出雲系神社

北海道はもともと律令制度のもとでも蝦夷地と呼ばれ、未開の土地であったのですが江戸時代、明治時代の開拓時代を経て、内地の神様、神社が持ち込まれた経緯があります。このため、いわゆる天皇系の天津系と地神系の国津系の神々が混然と配置されているのが特徴といってもよいでしょう。

東北地方においては、北海道における蝦夷地とは少し様相が異なっています。たとえばもともと縄文時代には高度な文明・文化が花開き、食料、鉱山資源などの豊穣の地であったといわれる面もあり、律令制度確立後の西日本中心の支配制度から外れた地域でありました。そのため、西日本に勝るとも劣らない文化があったといわれて近年大きく見直されてきています。

神社でいうと、もともとの地元の神である国津系の源泉神は東北地方に多くのこるクナト大神、

図2—26　蔵王温泉、酢川神社の鳥居

アラバハギ神などとの説もあります。古い時代の日本の神々の分布が残って出雲の神と癒合しているという面もあるので、大変興味深い地域です。

北海道では北海道神宮（札幌）が大国主（大國魂神《オオクニタマノカミ》・大那牟遅神《オオナムチノカミ》）を祀っています。

北東北地方では青森（津軽国）の岩木山神社が出雲系神社（顕国魂神・大国主神）です。岩手県奥州市には鎮岡神社《しづめがおかじんじゃ》、また秋田県仙北市には文字通り大国主神社などがあります。山形県鶴岡市の湯殿山神社《ゆどのさんじんじゃ》もそうですが、東北の多くの温泉神社（全国でもおなじことがいえます）の祭神は、ほとんどが大国主とスクナヒコナの出雲系の神様です。蔵王温泉の酢川神社もそうですし、宮城県の鳴子温泉の温泉神社、福島県いわき市の温泉神社もそうです。

▼関東地方における出雲系神社

関東地方、特に首都圏に出雲系神々の神社は多くあります。旧武蔵の国である、埼玉県、東京都、神奈川県の一部は他地域に比べて、圧倒的に多いといわれています。これは武蔵の国の生い立ちや、歴史に関わっています。その概要を神社、神様の視点でまとめます。

武蔵の国の出雲系神社は荒川の流域に数多く存在しています。またその源流である山岳部の群馬・埼玉地方にもつながっています。利根川の流域では河川の南側に出雲系の神社が多く分布しています（北側は鹿嶋神社、香取神宮につながる天津系の神社の分布がみられます）。

武蔵の国の一宮については、氷川神社を中心にして東京の小野神社との説もあります。二宮は金讃《かなさな》神社、三宮が氷川神社（のち一宮）ともなっています。小野神社も出雲系といわれているので、武蔵野国の主要神社は出雲系が独占しているということになります。

埼玉県、神奈川県の祭神分布や数を見ていくと、久伊豆《ひさいずじんじゃ》神社系とよばれるオオクニヌシ系神社、スサノオ系神社は氷川神社を中心として多数あります。また諏訪系（タケミナカタの神を祀る神社）、エビス系（事代主を祀る神社）、イナダヒメ系（櫛稲田姫を祀る神社）も数多くあります。

東京都内についても少し触れておきます。東京都は旧武蔵国の南半分をなす地域であり、出雲系の神社が多いのはある意味で当然です。特に江戸時代、徳川幕府の信仰厚く江戸の守りに多くの出雲系神社が配置されているのも特徴のひとつです。

◆氷川神社《ひかわじんじゃ》（埼玉県さいたま市大宮区、祭神はスサノオ、奇稲田姫、大己貴命）

東京、埼玉県周辺に約２００社ある氷川神社の総本山です。「国造本記」によると、景行天皇の時代に出雲の氏族がスサノオを奉じてこの地に移住したと伝えられます。成務天皇の時代に出雲の只多毛比命《エタモヒノミコト》が武蔵国造となり神社を崇拝しました。武蔵国造は出雲国造と同族とされます。社名の氷川は出雲の簸川（斐川）に由来するといわれています。

◆**神田神社《かんだじんじゃ》、神田明神**（東京都千代田区外神田、祭神は一之宮　大己貴命［オオナムチ＝大国主］、二之宮　少彦名命［スクナヒコナ］、三之宮　平将門［後世に奉祀］）

天平2（730）年、出雲氏族で大己貴命の子孫、真神田臣《マカンダオミ》により創建。徳川家の信仰もあり、徳川時代表鬼門に当たる現在の地に江戸総鎮守として鎮座しています。

◆**大國魂神社《おおくにたま》**（東京都府中市、祭神は大国魂大神［スサノオノ命の御子神、大国主命と同神とされる］）

大国魂大神がこの地を開拓され、人民に衣食住の道を授け、医薬の方法を教えこの地を経営され、その後、景行天皇41（111）年、大神の託宣により造られました。出雲臣天穂日命《イズモノオミアメノホヒノミコト》（出雲国造の祖先と称される）の末裔が初めて武蔵国造に任ぜられ、大国魂神社に奉仕したといわれます。

◆**杵築大社《きづきたいしゃ》**（東京都武蔵野市境南町、祭神は大国主命、コトシロヌシノミコト）

東京都武蔵野市にある杵築神社の祭神は大国主命とコトシロヌシです。「きづき」と言えば聞い

図2―27　神田神社

図2―28　大国魂神社

図2―29　根津神社

たことがありますね、出雲大社の昔の名前でもあります。

なぜ、この地域に大国主命とコトシロヌシが祭られているのでしょうか。実はこの地は江戸時代、松江藩の鷹狩場でした。御殿様であった徳川家康の孫である初代松平直正が、出雲大社から大国主命を勧請したのがこの神社です。その後、昭和21年、地元の要望より商売繁盛の神「えびす様（コトシロヌシ）」を美保神社から勧請し、合祀しました。

◆根津神社《ねづじんじゃ》（東京都文京区根津、祭神はスサノオ、大山咋命で相殿には大国主命と菅原道真）
１９００年前に日本武尊が創建したと伝えられています。根津権現として知られるとともに徳川家との深いつながりも多い。

▼中部地方における出雲系神社
中部地方には愛知県の津島市の津島神社をはじめ、一

宮では豊川市の砥鹿神社《とがじんじゃ》、静岡県周智郡の小国神社《おぐにじんじゃ》、三島市の三島大社などが出雲系です。長野県の諏訪市にある諏訪大社は大国主の息子のタケミナカタを祀っていることから始まり、多くの神社が出雲系とされています。新潟県、富山県、石川県、福井県などの北陸地方においても、日本海を通じた出雲とのつながりで、多くの出雲系神社があります。

◆**津島神社《つしまじんじゃ》**（愛知県津島市神明町、主祭神　建速須佐之男命、相殿　大国主命）

「備後風土記」によると、「北の海に居られた武塔神が、南の海に妻を捜しに出かけた折、日が暮れて宿を探していた時、その地に兄弟が住んでいた。弟は裕福であったが宿を断り、兄（蘇民将来）は貧しかったがもてなしをした。後に武塔神は、蘇民将来のため報いようと、蘇民将来と女子２人に『茅の輪を以て腰の上に着けしめよ』と教え、その夜三人を残し全ての悪疫を退治した。残った蘇民将来等に『自分は速須佐能雄能神である。後の世に疫気あれば〝蘇民将来の子孫〟と云って、茅の輪を腰につけなさい。こうすれば家人は厄疫から免れることができる』と言い残した。」

この逸話により、「疫病・厄難災除け」の神として信仰されています（津島神社由緒による）。

◆**諏訪《すわ》大社**（長野県諏訪市　信濃国一宮、祭神は南方刀美神《ミナカタトミノカミ》）

この神は大国主命の御子神でコトシロヌシの弟神であるタケミナカタです。「国譲り」の際タケミカズチとの力比べに敗北し、諏訪湖まで逃げ、この地に止まることを約束しここに祀られました。

図2—30　大神神社《おおみわ》（三輪山明神）

諏訪大社では、「御柱祭《おんばしらさい》」と呼ばれる7年に一度執り行なわれる勇壮無比な祭が知られています。山から直径1m、長さ約17m、重さ10tにもなる巨木を8本切り出し人力で曳き、2つのお宮の4隅に建てるものです。この巨木を山から出す際、沢山の観衆が見守る中、乗り手が乗った巨大な御柱が坂を下る「木落し」がよく知られています。

◆**気多大社**《きた》（石川県羽咋《はくい》市寺家町、祭神は大国主命またの名を大己貴命《オオナムチノミコト》、摂社には事代主命）

能登国一宮。社伝「気多神社縁起」によれば、第8代孝元天皇の御世に祭神の大己貴命が出雲から300余神を率いて来降、化鳥・大蛇を退治し海路を開いたとあります。

（3）全国に散らばる出雲系神社の例：西日本編

西日本は出雲に近いということもあり、近畿、中国、四国、九州全域に大国主命、スサノオおよびファミリーを祀る出雲系神社が数多く存在します。全てを網羅することはできないため、ここでは特に特徴的な畿内を中心とした代表的ないくつかの神社に絞って記載します。

◆大神神社《おおみわ》、三輪山明神（奈良県桜井市三輪、祭神　大物主大神《オオモノヌシノオオカミ》、配祀　大己貴神《オオナムチノカミ》　少彦名神《スクナヒコナノカミ》）

「古事記」によると大物主大神が大国主命の前に現れ、国造りを成就するために「吾をば倭の青垣の、東の山の上にいつきまれ」と三輪山に祀られることを望まれました。「日本書記」によると、大物主大神は大国主神の「幸魂《さきたま》・奇魂《くしみたま》」であると名乗られました。そして三輪山に鎮まることを望まれました（大神神社由来による）。

◆大和神社《おおやまと》（奈良県天理市新泉町、祭神［中央］日本大国魂大神《ヤマトオオクニタマノオオカミ》、祭神［右］八千戈大神《ヤチホコノオオカミ》、祭神［左］御年大神《ミトシノオオカミ》）

日本大国魂大神は大地主大神《オオトコヌシノオオカミ》であり、宮中内にアマテラスと同殿共床で奉斎されました。第10代崇神天皇が神威を恐れ、天照大神は伊勢神宮に、日本大国魂大神は最終的に現在の大和神社に祀られています。

奈良時代、朝廷の命により、遣唐使は出発に際して、大和神社に参詣し交通安全を祈願しました。

戦艦大和ゆかりの神社

戦艦大和には大和神社の御分霊が祀られていました。現在、境内には戦艦大和の乗組員数2736人にちなみ2736㎜×1300㎜の御影石に「戦艦大和ゆかりの神社」と刻み石碑が安置してあります（大和神社由来による）。

図2―31　大和神社

◆**出雲大神宮**《いずもだいじんぐう》（京都府亀岡市千歳町出雲無番地、御祭神は大国主命、三穂津姫命、丹波の国一宮）

三穂津姫は天祖（天皇の祖先）、高皇産霊神《タカミムスビノカミ》（天津神）の娘神です。高皇産霊神は天照大神と同様天祖として最も尊ばれる神で、出雲では命主社（出雲市大社町杵築東）に祀られています。大国主命の国譲りの際、天祖の命により后神に成られました。

ここは、元出雲とも称しています。大国主命は丹波がその本拠地だという説をとっているからです。「出雲大神宮の社伝によると、丹波の地から出雲の杵築宮にお遷し申し上げた」とされています。〝「丹波国風土記」によれば、「奈良朝のはじめ元明天皇和銅年中、大国主命御一柱のみを島根の杵築の地に遷す。すなわち今の出雲大社これなり。」と記します。よって当宮に古来より元出雲の信仰があります〟とホームページには記載されています。

◆**大歳神社**《おおとしじんじゃ》（京都市西京区大原野、主祭神　大歳神）

大歳神はスサノオと大山津見神の娘、神大市比売命との御子神です。社伝によると、養老2（718）年2月の創建。当地が山城から出雲への出口に当たるため、出雲系民族により開拓され、その祖神を祀った神社であるといいます。大歳神社は「延喜式」神名帳に大社として記載されており、当時大きな大社であったと思われます。

◆**石津神社**《いしづじんじゃ》（大阪府堺市境区、祭神は八重事代主神《ヤエコトシロヌシノカミ》、大己貴神《オオナムチノカミ》、天穂日神《アメノホヒノカミ》）

神社に伝わる古文書に「往古、事代主神（戎神）がこの地に五色の石を携え降臨され、この地に置き給う」。故にこの地を石津と名付く。第十一代垂仁天皇（紀元前29年〜西暦70年）の御世には、

図２―３２　大歳神社

図２―３３　日吉大社

出雲の国に住む能見宿祢《ノミノスクネ》が、当麻蹴速と力比べで功を賞して領地を賜り、後に石津神社の神官となりました。「相撲」の祖と言われ、又、天皇崩御の際の殉死の慣わしを「埴輪」によってこれに変えることを能見宿祢が献言、土師部の祖とされ、後世、菅原姓に引き継がれました（石津神社由緒による）。八重事代主神が携えた石は神社の前に埋められており、天変地異の時には地面から出て浮き上がると伝えられます。

◆**日吉《ひよし》大社**（滋賀県大津市、祭神は　西本宮　大己貴命、東本宮　大山咋神）

全国2000社にのぼる、日吉、日枝、山王神社の総本宮。元々は、大山咋神が祭神でしたが、天智天皇7（668）年近江大津宮鎮護のため、大神神社より大己貴命を勧請しました。その後、大己貴命が格上となり現在に至っています。

（4）大和（奈良）と山城（京都）に出雲系の神と古い神社が多数!?

神話によると、天津系神々は天孫族として日向の国から進撃し、元々大和にいた人たちを打ち負かしたことになっています。ということは、大和や山城に住んでいた人たちがいたわけです。この人たちが国津神系の神々、すなわち広い意味の出雲系の人たちとすれば、いわゆる出雲系の神々の神社が存在していてもおかしくありません。

▼なぜ、天津系の神々の本拠地に出雲の神々が……

大和（平城京、奈良）と山城（平安京、京都）を開拓した人たちとはだれか……。まずは大和、山城を開拓してきたのは、地理的に出雲につながりのある人たち、すなわち移動してきた人々が考えられます。次に考えられるのは、出雲というコンセプトに大きな影響を受けた人たち、ということになります。

征服と被征服という考え方を持ち込むと、征服したほうは、昔の神々が残っているのは、あまり快く思わないでしょうが、被征服地を懐柔する目的で残すということも考えられます。土着の神々（被征服者側）の全部の神様を新しい神々に入れ替えたり、征服したほうの神々の神社を新たにつくっても、そう普及するものではありません。そこで、どのように考えるかというと、古い神様をうまく使って人心掌握を図った、と考えられます。日本の伝統は八百万の神で、一神教ではない文化、風土が幸いしているのかもしれません。

これを実際に示す象徴的な地域が、大和（平城京、奈良）、山城（平安京、京都）と考えることができます。「出雲」の影響をあらためてみていきましょう。

▼大和をささえる４つの出雲系神社

まずは大和ですが、平城京（神武天皇から派生する天皇系支配者一族）を守る4つの主要神社である大神神社（前出79ページ頁）、高鴨神社、河俣神社、加夜奈留美《カヤナルミ》命神社の全部が出雲系の神社です。

図２—３４　奈良県の天皇家を守る４神社の位置づけ
（明日香村を囲むように存在する）

図２—３５　加夜奈留美《カヤナルミ》命神社

出雲大社の宮司の家系、すなわち大国主命を祀るのは、出雲国造家です。もともと天皇家のルーツといわれるアマテラスの親戚のアメノホヒの子孫といわれるこの一族は出雲地方では絶大な権威をもっていました。この一族は代替わりする際、天津系の天皇に対して、誓いをたてることを倣いとしています。

その文面が公開されている「出雲国造神賀詞《いずものくにのみやつこのかむよごと》」をみると、この文章を天皇家にささげて忠誠を誓うという趣旨なのです。その中に出てくる大和の神社群が天皇家を守りますという文面があるのですが、それらは全部出雲系の神社です。

言葉を替えると「天皇の宮の周囲を、出雲神大国主命とその子らの社で守る」ということになっています。これらの神社はすべて初期のヤマト王権の地域をカバーしていますが、特に王権の発祥の地とみられる纏向《まきむく》一帯を見下ろす三輪山に祀られている神が大己貴命であることは、出雲の勢力が大和を制圧していたことの象徴的なところかもしれません。

「出雲国造神賀詞」を以下に引用し、神社名と祭神を挙げてみましょう。もちろん、いまでも神社は残っています（どこの神社が特定されるかについては諸説あります）。

「御自分の和魂《にぎたま》を八咫鏡に御霊代《みたましろ》とより憑かせて倭の大物主と御名を唱えて大御和《おおみわ》の社（大神神社《おおみわじんじゃ》、三輪山）に鎮め坐させ、御自分の御子、阿遅須伎高孫根命《アジスキタカヒコネ》（オオナムチの三子）の御魂を葛木の鴨の社（御所市高鴨神社《たかがもじんじゃ》）に鎮座せしめ、事代主命の御魂を宇奈提（雲梯）の河俣神社《かわまたじんじゃ》に坐させ、

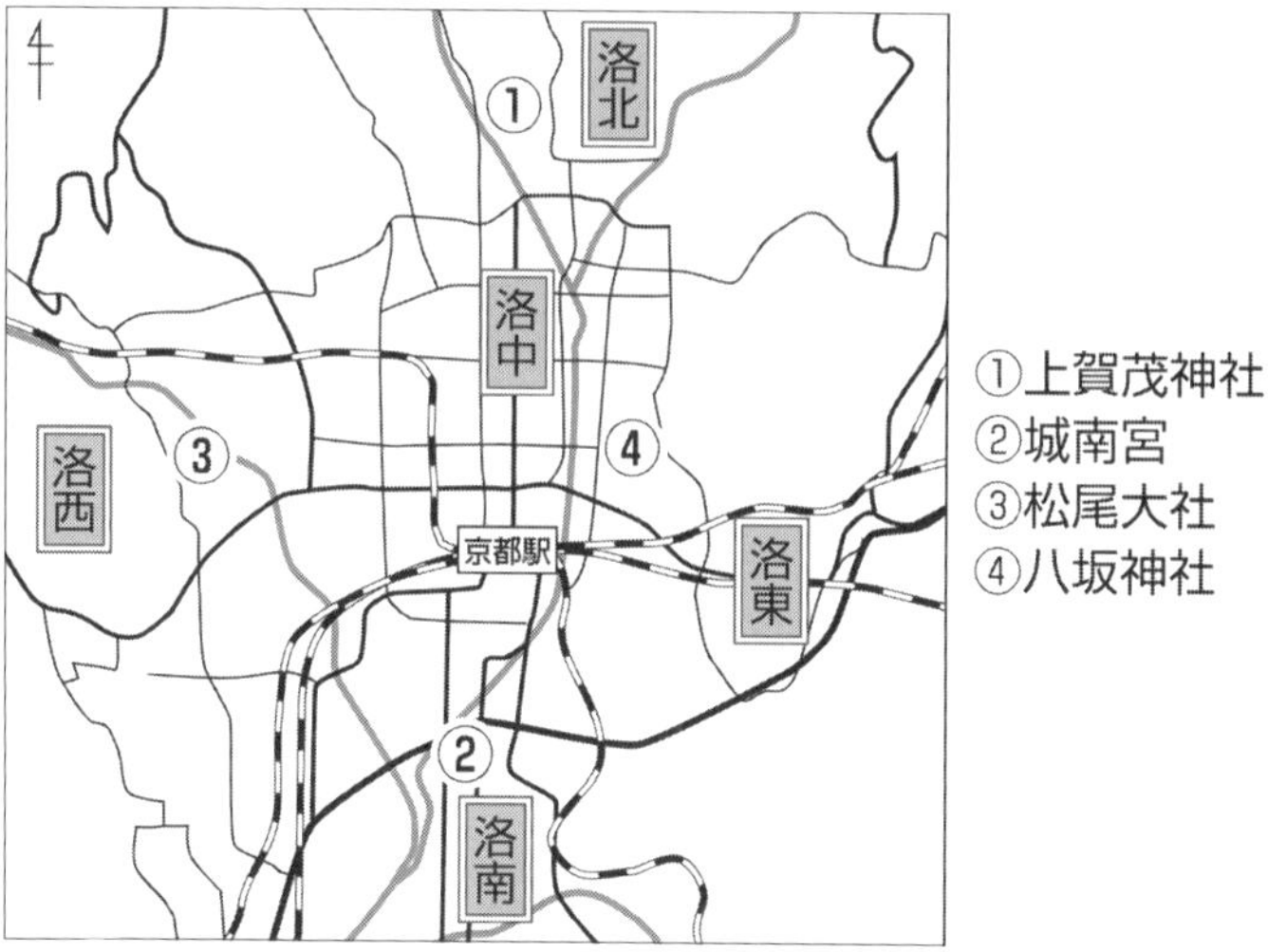

図２―３６　京都の４神社の位置づけ

賀夜奈流美《カヤナルミ》命の御魂を飛鳥の神奈備（加夜奈留美命神社）に鎮座せしめて皇御孫命の御親近の守護神なろう」

この時代からすでに、４つの神社は非常に重要な神社だったことがわかります。

▼京都（山城）をささえる４つの出雲系神社

山城の国、平安京・京都についてもみていきましょう。京都でも四方の守り神と神社は出雲系の神社となっています。

京都の街を守る神社があります。京都五社めぐりとして有名ですが、京都市内を天の四方の方角を司る霊獣・四神に見立てているのです。北は玄武の上賀茂神社（①）、南は朱雀の城南宮（②）、西は白虎の松尾大社（③）、東は蒼龍の八坂神社（④）、そして中央に平安京の守護たる平安神宮、この五社の神社を巡ることです。不思議なことに最後の平安神宮を除いてすべて出雲系といってもよい神社構成となっています。
これらの神社の祭神と出雲の神の関係をできるだけ単純化して述べておきます。

▼北を守護する上賀茂神社《かみがもじんじゃ》

神社の正式名称にもある雷《いかづち》のご神威により、あらゆる災難を除く厄除けのご利益があるとされています。京都の初詣でかなり賑わいを見せる神社の一つです。

正式には賀茂別雷神社《かもわけいかづち》と言います。祭神の賀茂別雷大神は葛城山の峰から山代国に移った賀茂建角身命《カモタケツヌミノミコト》の娘・玉依比賣命《タマヨリヒメノミコト》と山代の乙訓社《おとくに》の火雷神《ホノイカズチノカミ》との間に生まれた若き雷神であったと伝えます。「古事記」では松尾大社の祭神である大山咋命をその父神と見なしています。

つまり上賀茂神社の賀茂別雷神は、母は下鴨神社の賀茂玉依日賣に、父は松尾大社と乙訓《おとくに》神社の祭神である大山咋命（火雷大神）ということになります。賀茂別雷神社（上賀茂神社）は各地の加茂神社（賀茂神社・鴨神社）で祀られています。大国主命の息子の阿遅鉏高日子根命《アジスキタカネヒコ》と同一視されていますし、本来の賀茂族の本拠地である葛城の高鴨神社の祭神と一緒で、出雲族といわれています。桓武天皇の平安京遷都の前、京都には秦、賀茂、出雲族が住んでいたようです。賀茂族と出雲族は土着民だそうです。

図２―３７　上賀茂神社

図２―３８　城南宮

▼南を守護する城南宮《じょうなんぐう》

城南宮は、京都市内中心部からは少し離れていることもあり、観光客にはあまり馴染みのない神社かもしれませんが、平安京遷都の際に、都の南を守護すべく建てられた神社です。京都御所の裏鬼門を守る神でもあったことから、方除《ほうよけ》の神として貴族の間から信仰されています。現在も「方除の大社」として、普請・造作・転宅・旅行・交通安全など、様々なご利益を得るために全国から参拝者が絶えません。

延暦13（西暦794）年の平安京遷都に際し、都の安泰と国の守護を願い、国常立尊《クニノトコタチノミコト》を八千矛神《ヤチホコノカミ》と息長帯日売尊《オキナガタラシヒメノミコト》に合わせ祀り、城南大神と崇めたことが城南宮の創建と伝えられています。城南宮とは平安城の南に鎮まるお宮の意味です。八千矛神は、またの神名を大国主命といい、出雲系であることは本書を読まれている方には自明ですね。ちなみに息長帯日売尊は、またのご神名を神功皇后《ジングウコウゴウ》といいます。

▼西を守護する松尾大社《まつおたいしゃ》

松尾大社は京都でも最古の神社の一つ。松尾山の神霊を守護神として祀ったのが起源とされていて、平安時代は東に「賀茂の厳神」西に「松尾の猛霊」とされた由緒ある神社なのです。酒飲みには松尾大社は醸造の神としても有名で、全国の酒造家から信仰を集める神社でもあります。

祭神二柱のうち大山咋神《オオヤマグイノカミ》は、「古事記」や「先代旧事本紀」において、大年神と

図２—３９　松尾大社

図２—４０　八坂神社

天知迦流美豆比売《アメノカルミズヒメ》の間の子であると記されています。比叡山の日吉大社（滋賀県大津市）の祭神と同じくする神で、「くい（咋）」を「杭・杙」と見て、山頂にあって国造りをなす神、大山咋神＝大物主神（大己貴神）であるともいわれています。

▼東を守護する八坂神社《やさかじんじゃ》

先ほどの松尾大社は四条通りの西の突き当り。その逆、東の突き当りに位置しているのが八坂神社です。京都三大祭の一つ、祇園祭はこの八坂神社のお祭です。今では華やかな山鉾巡行などのイメージがある祇園祭ですが、疫病が流行した際に八坂神社の神にお祈りしたのが始まり、今に伝わっているとされています。主祭神はいずれも出雲系のスサノオに関連する神々です。

（主祭神）
中御座：素戔嗚尊《スサノオノミコト》
東御座：櫛稲田姫命《クシ(イ)ナダヒメノミコト》——素戔嗚尊の妻
西御座：八柱御子神《ヤハシラノミコガミ》——素戔嗚尊の8人の子供（八島篠見神、五十猛神、大屋比売神、抓津比売神、大年神、宇迦之御魂神、大屋毘古神、須勢理毘売命）の総称

3章　弥生・古墳時代の墓と銅鉄パワー

原始・古代から中世まで

3―1　墳丘墓と古墳

出雲には、縄文時代、弥生時代の遺跡などが多く発見され、適切に保護され、観察できます。独特な形をした四隅突出型墳丘墓が特徴的です。

（1）墳丘墓：四隅突出型墳丘墓

▼西谷墳墓群

四隅突出型墳丘墓は、出雲地方を中心に分布する特徴的な形をした弥生時代の墳丘墓で、この近辺には6基が見られます。西谷墳墓群は、出雲市街南東部の丘陵（高さ約40ｍ）にあります。弥生時代後期から古墳時代前期にかけての2～3世紀に築造されたと考えられています。他の地域では北陸（富山）などにも見られます。いずれにしても、その規模から「出雲王」とも呼ばれるような権力を持つ一族がいたことがうかがわれます。

また、この墳丘墓からは北陸地方（越の国）の土器も多く見つかっており、2世紀末頃には北陸地方との交流があったとみられます。時期は別として交流があったことは「出雲国風土記」にも載せられており、神門《かんど》郡の古志郷《こしのさと》に「伊弉那彌命《イザナミノミコト》の時、日淵川を以《も》て池を築造りたまひき。爾《そ》の時、古志の國人等到《き》来《た》りて、堤を為《つく》りて、即《やが》て宿《や》居《ど》れりし所なり。故、古志と云う」と記されています。

墓の中には、中国から来たコバルトブルーの美しい「ガラスの勾玉」なども見つかっており、当時から想像以上の範囲の行き来があったと思われます。山陰地方東部から北陸地方南部に四隅突出型が見られるということは、この地域の首長の間に強い結びつきがあり、政治的勢力の同盟関係があったのではないかとも推定できるのです。

西谷墳墓群の1号墓～6号墓の並ぶ丘陵は「西谷墳墓群史跡公園・出雲弥生の森」が開園しており、展示と講演会なども開催されています。

ちなみに墳丘墓と古墳は、両方とも古い時代のお墓です。何が違うかというと、歴史的に古墳時代（3世紀から7世紀）に作られたものを「古墳」といい、それより前の弥生時代に作られたものは「墳丘墓」と言うそうです。

図３－１　四隅突出型墳丘墓遺跡

図３－２　山代二子塚古墳

（2）出雲のさまざまな古墳

この他にも、出雲には古墳時代に入っても特徴のある古墳が造られ古墳マニアには必見です。出雲東部と西部にそれぞれ大きな権力を持った人物の古墳が存在します。以下、もう少し細かくみていきましょう。

▼山代二子塚古墳《やましろふたごづか》（松江市山代町）

東部出雲には日本で初めて「前方後方墳」と名付けられた古墳があります。全長94m、外堤を含めた総長は150mの大きな古墳。出雲国造の墓とも言われています。西部の「出雲王」の大念寺古墳と同時代頃に造られたとされ、それに並ぶ大きな勢力を持った勢力がいたことの証でしょう。

この古墳を造るために、人力で土砂を積み上げていますが、積み上げた土の盛り方にも大いに工夫が。古墳の中に、この土層を広範に見学できる施設があります。また、その隣には、映像などを使い説明している施設「ガイダンス山代の郷」があり、おすすめです。

▼今市大念寺古墳《いまいちだいねんじ》（出雲市今市東）

西部出雲には、出雲市駅から徒歩7分ほどのところに今市大念寺古墳があります。6世紀後半の全長84m、高さ約6mの出雲地方最大の巨大な横穴式石室と家型石棺を持つ前方後円墳と言われて

図３－３　大念寺古墳の入口

図３－４　上塩冶築山古墳入口

います。石をくりぬいてつくった整美な姿の横口付家形石棺は長さ3・3m、幅・高さとも1・7mという巨大なものです。扉がありますが自由に見学できます。

出雲では、弥生時代末期の四隅突出型というこの地方独特の墓が造られた後、古墳時代に入ると畿内の影響の強い前方後円墳が築造されます。これは、この時点で近畿地方の勢力（ヤマト政権）の軍門に下ったものと推定されます。埋葬されているのは、西谷墳墓群に埋葬されている人物に続く「出雲王」と言われています。

▼上塩冶築山古墳《かみえんやつきやま》（出雲市上塩冶町）

古墳時代後期の古墳で、大念寺古墳に続く「出雲王」の古墳と言われています。

直径46m、高さ6mの巨大な横穴式石室と大小2個の家型石棺を持つ円墳です。石棺は美しく加工されたものでノミなどの工具で削り、面取りまでしてあります。大きい石棺は長さ2・8m、幅1・4m、高さ1・7mで中に入るとその美しさと巨大さに圧倒されます。金銀装円頭大刀、装飾品、馬具など、きらびやかな副葬品が多く発見され、現在は古代出雲歴史博物館に展示されています。

こちらも石室の入口には扉がありますが、自由に見学できます。

図３－５　荒神谷遺跡

３－２　銅剣と銅鐸、銅矛の驚異の発見

出雲市斐川町荒神谷《こうじんだに》では多量の銅剣が、雲南市の加茂岩倉《かもいわくら》では多量の銅鐸《どうたく》が隣り合ってぞろぞろ出てきました。これには古代歴史家や古代考古学者は、たまげたようです。それまで、著名な歴史学者も含め出雲の神話は神話としてしかとらえていなかったのに、いきなり現実の王朝パワーが出てきたようなものだったからです。

(1) 山ほどの銅剣の発見：荒神谷遺跡

まずは荒神谷遺跡とその歴史について少し詳しく紹介しましょう。昭和58（１９８３）年、広域農道（出雲ロマン街道）建設にともなう遺跡分布調査で、調査員が斐川町の田んぼのあぜ道で一片の土器（古墳時代の須恵器）をひろったことがきっかけとなり発見されました。

遺跡は「出雲国風土記」記載の出雲郡《いずものこほり》の神名火山《かむなびやま》に比定されている仏経山の北東３㎞に位置する斐川町神庭《かんば》西谷にあります。名前からしてそれらしい、神庭という遺跡発掘の場所ですが、遺跡の南側に「三宝荒神」が祭られていることから荒神谷遺跡と命名されています。翌昭和59年、谷あいの斜面を発掘調査したところ小さな谷間の標高22ｍの南向きの急斜面で、埋納された銅剣が、なんと３５８本出土しました。昭和60年には、その地点からわずか数ｍ離れて銅鐸《どうたく》と銅矛《どうほこ》も出土しました。

(2) いろいろな種類の銅鐸発見：加茂岩倉遺跡

加茂岩倉遺跡の銅鐸は、荒神谷遺跡の銅剣の発掘から13年後の平成８（１９９６）年10月14日、大量の銅鐸が出土して全国の注目を集めたのです。もともと雲南市は、「ヤマタノオロチ退治」神話の舞台となった斐伊川の中流地域であり、その支流、そして、これらを取り囲むように広がる山々など、豊かな山々の自然に育まれた町があつまっている地域です。

この雲南市が属する中国山地は花崗岩《かこうがん》地帯であり、この母岩に含まれる良質の砂鉄を使って、古く古墳時代から鉄が作られてきたところでもあり、遺跡がとりわけ多かったのです。

このときの出土銅鐸は総数39個で、１カ所からの出土としては全国最多です。出土した数の多さもさることながら、写実的な絵画を持つ銅鐸や、同じ鋳型で造られた銅鐸が多く存在することでも注目を集めました。

図３－６　加茂岩倉遺跡

39個のうち、絵画のついた銅鐸は全部で7個あり、銅鐸（胴体部分）の表面に網目状の斜格子文《しゃこうしもん》の帯が「田」の字に配置してあったり、トンボやシカ、イノシシなどの動物が描かれているのもあります。

　描かれた絵に違いはありますが、銅鐸の大きさ、文様の構図や配置に共通点の多いのが特徴です。同じ工人集団によって造られた「連作」銅鐸とも考えられます。出雲で造られたものではないかと言われています。その理由は他地域で出土している絵画銅鐸と比べ、描かれた絵が写実的であるということのほかに、袈裟襷文の描き方に大きな違いがあるからです。

　一般には銅鐸を造った集団の中心地は近畿地方といわれますが、加茂岩倉銅鐸には、近畿地方では見られない特徴を持つ銅鐸もあり、出雲地方の古来からの鉄冶金技術と銅鉱山の歴史的背景により出雲での鋳造が議論されている状況です。まだその証拠となる鋳型は見つかっていませんが、いつだれが見つけるかミステリーです。

これらの遺跡から発掘された銅剣、銅鐸などの多くは国宝に指定され、出雲大社の近くにある古代出雲歴史博物館に展示されています。ここには、出雲大社関連、「出雲国風土記」関連のさまざまな資料や実物などが歴史的な解説やイラスト、映画などとともにわかりやすく展示され、何度来ても飽きない、脳細胞が刺激されるスポットになっています。

▼銅器は、じつは稲作用農機具や刃物として使えない

銅器は食事、装飾、鏡、祭器などには使えますが、稲作用や刃物としてはあまり使えません。一方鉄器は銅に比べるとつくるのが大変ですが、圧倒的に堅くて強いのです。もし現代の製鉄技術のように、きわめて高温の状態で溶解しなくてもつくれるとすると、歴史がすこし変わってきます。

この事実は結構重要だと思われ、銀や銅の製錬技術で十分に鉄がつくれるということになります。溶解しない鉄、いわゆる海綿鉄の鍛造技術（日本刀を鍛える方法と同様）があったとすれば、鉄器は必ずしも溶解しなくても成形できたことになります。

金銀銅が自然の形で存在し、採取できた時代には、製錬も精錬も不要でした。また、自然金、自然銀、自然銅といっても大きい塊で出てくるわけではなく、ほとんどが破砕、選定という作業が最

低限必要でした。

なお、製錬技術は鉱石から金属を取り出すプロセスのことをいい、精錬技術は製錬によって鉱石から取り出された金属成分を実用になるように純度をあげるプロセスのことです。

採鉱する場合の道具としては、何があったのでしょうか。そのための道具が身近になければ採取もできないのです。もちろん最初は石器から始まって、金属を使った効率の良い方法への変換があったはずです。次節でのべるように野だたらによる製錬では、銅と鉄が一緒にとれる場合も多く、場合によっては同時期に鉄の道具化もくるわけです。銅は錆で簡単に朽ち果てませんが、鉄は容易に酸化《さび》します。なので考古学的な証拠品として残っていないのが残念ですが、それがミステリーの始まりともなります。

3―3　古代冶金《やきん》にはじまる銅と鉄の資源・技術と出雲

大量の銅器の発見の場所を紹介しました。この出現でこれまで古代出雲の国の存在に疑問をもっていた歴史学者はギャフンとなりました。地元の我々としては学者と違って身近に鉄や銅の名残がいたるところにあるのを感じていたわけで、それはそれで複雑な思いをしたものです。

ここで古代出雲の金属生産の歴史に関連して、まずは銅、そして鉄についてみていき、何がわかっていて、なにがミステリーとして残っているか、少し整理しましょう。

(1) 出雲の金属資源は日本だけでなく世界をも動かす量だった!

出雲は「鉄の国」……これは「たたら吹きの玉鋼《たまはがね》」で有名です。さらにいうと、知る人ぞ知るですが出雲は「銅の国」でもありました。じつは日本列島はどこでも鉄、銀、銅など各種金属資源の宝庫で、製錬技術が凝縮していました。それは地震と火山が多く各種鉱石が地表近くに存在していること、また森林が豊かでこれは鉱石から金属を取るときの火力と還元剤(木炭)を兼ねるということにも由来しております。

そのような古代では、〝資源国〟の日本のなかでも飛びぬけて産出量が多かったのが、出雲の銅と鉄、そして木炭です。以下にその古代から始まる資源、技術、遺跡などについて簡単に紹介しましょう。

▼豊かな出雲をささえた銅と鉄!?

なぜ、出雲大社があんなに大きくできたか、記紀や風土記に神話がたくさんあるのか不思議です。当時の神社や神様は権力の象徴であるとともに、豊かさの象徴でもありました。多くの人々が生きていくには、水と食料がなくてはいけません。農耕で多くの食料を得るためには、ある程度の農機具が必要で、金属製が最適です。狩猟にしても、獣などの外敵から身を守るにしても武器としての金属は必要です。また古代の祭祀には各種象徴的な金属器は欠かせません。出雲に隠された巨大なパワーの源はまさに金属資源であったと考え、神話や各種のインフラの原点としてみることがここでのテーマです。

神話と権力を支えたものはまずは材料としての銅、鉄です。これらは全部出雲には存在しました。次にエネルギー源としての水力、森林(炭)なども豊富でした。さらに奥出雲から流れ出す肥の川(斐伊川)とその流域の肥沃な土地です。これらの集積とシステムをみると古代出雲の実相がみえてくるのではないでしょうか。

▼銅と鉄、この二つが同時にとれるのが出雲

本書では出雲国の成り立ちとして「青銅器を主とする」西部出雲と「鉄器を主とする」東部出雲との二大勢力から出発し、以後統一王朝が作られ、日本海を中心とした「出雲国」を形成したと考えられると記載しています。そこで古代の製錬技術を中心に見ていきます。

出雲が神話の古代から豊かな国で、国譲りを強いられた理由の一つはここにあると考えています。改めて振り返ると出雲は、古代―近代において極めて貴重な各種金属資源の豊かな土地で、特に「銅」、「鉄」の両方が豊富な地として発達してきました。その活用技術についても数千年にわたって蓄積されています。その中身を紹介してみましょう。

筆者は、元冶金技術者ですので、少し技術のことも入れてお話ししてみます。その結果わかってきたのは、銅と鉄、この二つが同時にとれるということが出雲の強さに直接つながっていた可能性

が極めて高いという結論です。

日本はかなり長期的に銅の世界的な産出国であった時代を持っています。チリで銅が発見されるまでは、日本は世界一の産銅国であっただけでなく、少なくとも1920年ごろまでは世界第二位であったといわれます。江戸時代においては、鎖国政策をとっていたとはいえ日本の輸出物は銅が中心で、当時の日本の全輸出金額の5~6%を銅が占めていたといわれます。

その中での出雲の役割は、銅を生み出してきただけでなく、銅の先駆的な製錬・精錬技術の実験場だった可能性が高いのです。

▼資源としての金属・鉱石：どのくらいの銅、鉄がとれたか

出雲は数千年にわたり、各種の金属資源と深くかかわってきた地域です。金属資源としては、一般的に銅と鉄が挙げられますが、その背景には現在へと綿々と流れるさまざまな古代技術の流れが見えてきます。

技術については、これまで多くの書物で、鉄、それも「たたら」に集中した議論がありました。ここでは銅と鉄、さらに広く貴金属までを対象にして考えていきましょう。

まずは、資源としての金属の価値と役割です。貴金属としての価値の順番は、オリンピックでもそうなっていますが、金⇒銀⇒銅という順となっています。これは古来より世界共通です。金属の滅びにくさ、すなわち酸化しにくさを基準に順位付けしているわけですが、これは同時に貴金属の

特徴でもあります。ですから祭祀装飾として永遠の価値をあらわしたり、貨幣として兌換価値をあらわしたりするわけです。

何度かふれましたが、鉄は「鋼鉄《こうてつ》」という言葉があるように強靭なので、道具として使われます。実用的に食物を栽培したり、狩猟をしたり、漁業を行なうための道具となります。

金属のもう一つの大切な役割は、身を守るための武器です。武器の材料として主には鉄が使われました。

▼つぎは出雲の鉄から……

「鉄」の話に移りましょう。古代の鉄生産に関しては、あまり知られていません。ひとくちに鉄といっても、強靭さを出している鋼と、硬さを出している鋳鉄との違いもあります。出雲地方での和鋼は、鉄原料（砂鉄）を直接鋼にすることに特徴がある「たたら吹き」です。これは土製の炉の中で木炭の燃料で砂鉄を溶かして鋼をつくる日本古来の製法です。詳しくは、次節以下で述べていきます。

良質の砂鉄と炭になる森林資源が豊富だった出雲地方では、6世紀ごろから砂鉄と大量の木炭を使って鉄を作る「たたら吹き」が盛んでした。江戸時代の後半には、出雲地方が日本の鉄鋼生産量の約8割以上を占めていたといわれています。

じつは中国地方には、砂鉄以外の鉄鉱石からの製鉄法もあります。たたらを使う点では共通していますが、ここでは区別して考えていきます。いずれにせよ出雲は、幕末から明治初頭にかけ、日本の鉄鋼生産量のほとんどを占めていたといってよいでしょう。

(2) 出雲は銅王国でありました——銅鉱石と銅の産出

出雲の地から出土した銅剣の数は358本で、大変な量の銅の原料が必要となったはずです。銅剣や銅鐸の銅の原料はどこのものなのか、ミステリーとなっています。荒神谷遺跡の銅の原料生産地は、合金成分の一部の金属の同位元素の分析から中国であるとの説もあります。一方で、銅は少なくとも出雲産のものが入っているという見解もありますが、残念ながら当時の鋳型が見つかっていないので実証はされていません。当時の物流や日本の技術レベルを考えると、出雲産という説は非常に自然な発想だ、と筆者は思っています。

▼銅の基本技術——渡来した新羅の鉱山技師?

奈良時代、大仏をつくった時代の銅の精錬法は、朝鮮半島の新羅系の人々による技術とされています。この銅の精錬法は、「たたら」による加熱還元法です。炉を築き、鞴《ふいご》で送風、木炭で炭焼し、いわゆる鉱滓(こうさい、スラグ成分)と分離するのです。まず銅鉱を砕破して品位の低い雑石を摘去し、優良な黄銅鉱石のみを集めて、富化して焼いていきます。これにより硫黄分を空中に酸化分離させ、さらに過熱すると銅が残ります。なお、鉱石中の鉄分の一部は、炉床などの土の成分のなかに入って鉄を作ります。

1トンの鉱石から抽出する金属の量は、鉄鉱石が30〜60％、ボーキサイトのアルミナが30〜55％であるのに対して、銅鉱石は日本で利用していたもので1％、後年アフリカの巨大な銅鉱石地帯でやっと4〜5％です。ということは、抽出のための経費は鉄やアルミニウムより高くつくのです。

それまでの鉄や鋼をつくる採鉱冶金の基本的な蓄積技術に加えて、渡来者たちの技術や経験を取り込むことで、わが国の鉱業は急激に発達し、大仏鋳造を実現させるほどにまで発展したということになります。

余談ですが、戦国末期、徳川家康に仕えて、石見銀山はじめ日本近世の鉱山開発に大きな足跡を残した大久保石見守長安もまた、新羅系渡来人の末裔だという伝承があります。

奈良時代から平安時代にかけての銅の精錬法は、近世における粗銅精錬と原理的にあまり変わらなかったといえます。すなわち良質の銅鉱を選択し、炉を築き、鞴で送風し、大量の薪炭を費して酸化する新羅からの精錬法が、原理的に近世まで行なわれていたということです。

▼銅がすべての始まりかも……

銅の採取についていえば、自然銅をとる時代から、もう少し難物の銅鉱石、すなわち硫化銅（銅［Cu］と硫黄［S］の化合物）からの採取が主流になっていきます。銅の品位が落ちて貧鉱化すると、硫化銅と鉄との混合物となり、製錬法はさらに複雑になり、いわゆる近代製錬方法の原料鉱石になってきます。

実は、「鉄」の製錬方法として、さきほど紹介した火で焼き還元する方法は、銅の製錬についても同様に考えられます。自然銅から始まって、銅鉱石（硫化銅が主成分）が山火事などで加熱されて硫黄成分が飛び、さらに木材（炭素成分）を使って還元され、銅がとれるというパターンです。

この工法を少し工夫して、風が効率よくあたるようにしたものが「野だたら」です。遺跡の最近の分析結果では、銅と鉄が同時に残渣として残っていることが認められています。このことから、比較的低温で銅とともに、銑鉄（鋳鉄）と呼ばれる融点が低い鉄（鉄‐炭素の合金で1100℃程度の融点を持つ）が同時にできていた可能性があることがわかってきました。

先ほど述べたように銅鉱石には通常、硫化銅とともに硫化鉄が含まれています。加熱して木材（炭素です）で還元すると、自動的に銅と鉄が一緒にとれるのです。昔の人はびっくり（歓喜）したことでしょう！　これはすごいことです。鉄と銅は溶け合わないので合金になりません。さらに銅と炭素も溶け合わないので、ちゃんと分離して両方の金属が一緒にとれる、という理屈です。

▼鷺銅山《さぎどうざん》――日本最古の銅山遺構？とオオクニヌシ

出雲は、古代には名だたる銅の生産地であったことは間違いありません。世界遺産の大森銀山（石見銀山）を発見するきっかけが、出雲の銅山にあるという極めて面白い話を聞いて、調べてみました。

大永6（1526）年、神谷寿貞は鷺浦に向かう途中、石見で輝く山を発見しました。これを鷺銅山《さぎどうざん》の持ち主の三島清右衛門と共同で発掘したのが石見銀山の発祥となった、という伝承があり

図３－７　鷺銅山の坑道とその周囲の様子

ます。島根半島の海側に連なる北山連山や美保関近辺を中心として純度の高い自然銅が産出されていました。その代表が、出雲の鷺・鵜峠銅山といわれています。

おもしろいことに、この銅山は出雲大社のまさに真裏にあたり、神社の山そのものという位置に存在しているのです。大国主命《オオクニヌシ》の別名大穴持《オオナムチ》神には、鉱山のオーナーという意味があります。出雲大社の摂社に鷺の神社がありますが、これはさしずめ銅山の管理者ということになるでしょうか。実際にいってみるとわかるのですが、鷺銅山に通じる道は、出雲大社本殿の直ぐ脇を通るのです。

大国主命には、八千矛《ヤチホコ》神という異名もあります。これはたくさんの銅の鉾を持った神さまです。この大国主命＝大黒さまの福の神が持つ「うちでの小槌」のなかには、製錬・精錬のプロセスノウハウが山ほど詰まっていたのでは？……と夢は膨らみます。

(3) 古代鉄冶金技術――古代鉄はどのように作られたか

資源である鉄と砂鉄の存在、それをささえる鉄の製錬と各種の精錬技術の存在が、古代出雲の強さのベースになっていたと思われます。古代の日本のなかで、出雲以外のどれだけの場所が、銅のみならず鉄に関してこのような資源と技術、自然環境の条件を満たしたのでしょうか。そう考えると豊かで巨大な出雲王国や出雲大社の建築などの原資がすこし見えてきます。

▼古代の鉄原料は天から降る隕石

紀元前以前の古代、現在からは想像以上の隕鉄（鉄質隕石）があったと推定されています。古代人はこの隕鉄を利用したようです。地球誕生以来の40数億年分の隕鉄が存在していたわけですから、かなりの量があったと考えられます。人類が人工的に鉄を作り出すことができるようになるまで（だいたいB．C．3000年以前）、金属製の装身具などは、隕鉄を加熱してハンマーで加工したものと考えられています。

しかし、隕鉄では量産はできません。地表面に露出した鉄鉱石（酸化鉄が主成分）が、の焚火や山火事などによって偶然できてしまった鉄も、利用したことでしょう（この偶然は、鉄の生産につながっていきます）。

このように古代の製鉄技術は、酸化鉄の「低温」還元（８００℃程度の温度での還元）による軟らかい鉄（海綿状）の製造法と考えられます。

▼古代の鉄の原料――餅鉄、湖沼鉄など

さて当時の鉄の原料はなんだったのでしょうか。砂鉄を使ったたたらの前に、２つほど、確認されている原料があります。隕石のかわりになる高品位の鉄の塊が、いわゆる鉄鉱石の産地である岩手地方の川でとれていました。これは「餅鉄」（もちてつ、べいてつ）と呼ばれる鉄分60％以上の塊です。鉄分の高い部分を温めてこれを叩くと、刀やスキ（農具）などになったといわれています。ただし、これは非常にローカルで、量も限られていました。

量を限らない原料といえば昔から「湖沼鉄」というのがあります。日本ではあまり注目されていませんが、これはＢＯＧ　ＩＲＯＮとも呼ばれて、鉄分を多く含んだ土地、とくに湿地帯に生える水生植物（葦、または総称して萱ともいう）の赤くなった根っ子を集積し、これを活用する方法です。日本でも、愛知県豊橋地区の「高師小僧」が有名で、鉄分を多く含む褐鉄鉱と同様に活用できる、海綿状の製鉄原料とみなされます。

日本でも鉄を掌握すると、武器となるのはもちろん農機具としても威力を発揮するわけで、稲作を拡大することになったでしょうか。この意味でも権力の源泉と考えることもできます。

出雲の国の別名は「葦原中津国」です。一説では古代、鉄がとれる国の別名を「葦原」として象

徴的に示したといわれます。これは忠実に名が実態をあらわしているといえるのではないでしょうか。

▼いきなり鋼をつくり刀ができる古代技術力

「たたら吹き（タタラ）」は英語ではTatara steel making methodと呼ばれます。「ｓｔｅｅｌ」という単語が入っているように、原料鉄鉱（砂鉄）からいきなり鋼をつくってしまうすぐれた技術です。別名「ケラ押し法」とも呼ばれます。単に「タタラ」と書かれる場合のほか、「鑪吹き」、「踏鞴吹き」、「鉧吹き」とも表記されます。

通常、日本刀に使用されるのは、「たたら吹き」により直接製鋼された鋼（玉鋼、たまはがね）です。この玉鋼は、全体の鉄鋼のなかではかなり稀少であり、刀匠以外が入手することは難しいとされています。和包丁の一部には玉鋼を使用したものもあるのですが、これは格別に高価です。

一方では「たたら製鉄」とよばれるものがあります。これはTatara iron makingです。いきなり鋼ができるわけではなく、いわゆる鉄分の多い（あまり品質の高くない）鉄の塊をつくる製法です。

このように、たたらを使って鉄をつくる方法は、その原料とできる鉄の品質によって分けられます。出雲地方のたたら吹きでは、原料は砂鉄でできるものは鋼、それも純度の高い鋼（それが玉鋼）だと覚えておいてください。

図３－８　たたらにつかっていた鞴（吹子《ふいご》）

▼玉鋼《たまはがね》の種類

タタラ吹き（製鋼法）でできた鉧塊《ケラ》（鋼塊のもととなる大きなかたまり）は、部位によって品質がかなり異なります。良質な鋼だけでなく、やや不均質な鋼、銑、ノロ（鉄滓）、木炭などが混在しています。この鉧は破砕されたのち、鋼造り師が破面の色、輝き、粗密の程度、気泡の有無などを観察して仕分け・鑑別します。すこしなれてくると、輝きなどが違うのでだいたいわかってきます。破砕選別された良質の鋼が「玉鋼」と称せられます。

玉鋼は、その品質によって分類され、鶴、亀、松、竹、梅のような呼び方や特級、1級～3級などの種別で分けられます。良質の日本刀用の玉鋼は、鶴、または玉鋼特級となっています（分析すると炭素量が1・0～1・5％を含有で、破面が特に均質なもので、不純物やガスが少ない）。包丁や農機具用の鉄としては、かなりグレードが低いものが使われていたようです。

▼タタラ吹きの技術――火力の強さと鞴《ふいご》の工夫と人力

ここで、実際のたたら吹きの操業をイメージしながら、技術進化について簡単にみていきましょう。野だたらは先ほどのところで述べました。それ以降は屋根を備えた、全天候型の「永代だたら」へ移行していきました。

鉄を溶かして効率よく取り出すには、圧倒的な高温が必要なので、たたら炉という高温化の工夫が必要です。火力の強さがその成功と効率を決めるカギとなり、それがいわゆる鞴《ふいご》（吹子）の工夫とその技術進化となりました。鞴を踏む人の動きをイメージして、「かわり番子」などの言葉も生まれています。

ついでに製造効率を説明します。1回のたたら吹きで使う材料は、砂鉄が約10トン、木炭約12トン、粘土約4トン。そこから1トン程度の玉鋼、数トンの低品位の鋼がとれます。このプロセスでは、いかに空気（酸素）をうまく送るかがキーであり、たたらの完成版では、高殿《たかどの》と呼ばれる空気の流れを工夫した建屋の真ん中に粘土で作った炉を毎回作り、木炭で火を起こし、吹子《ふいご》で風を起こして送風します。

3—4　たたらのパワー——製鉄関連遺跡と歴史を訪れて

自然の恵みによって、江戸時代には国内に流通する鉄のほとんどを出雲が占めていたと述べてきました。この時代、製鉄御三家として、雲南市の吉田町の田部《たなべ》家、奥出雲町の櫻井《さくらい》家、絲原《いとはら》家などがありました。それぞれの家ではいまにつながる歴史館や記念館を持っており、それぞれが大変意欲的な展示がなされています。ここでは田部家のある吉田町の各種遺跡や記念館に注目します。

(1) 出雲の古代製鉄遺跡①雲南市吉田町菅谷たたら地区

吉田町においてたたらが始まったのは鎌倉時代だといわれています。この時代は、自然風を利用した移動式の「野だたら」製鉄法が行なわれていました。近世に入ると、吉田町でも田部家の主導で高殿《たかどの》を構え、人工の風をつかって操業が行なわれるようになります。村内のあちこちで盛んにたたら吹きが行なわれ、「企業だたら」として隆盛を極めるようになりました。

「菅谷高殿《すがやたかどの》」と山内《さんない》地区のたたら遺跡は、全国で唯一完全に残るたたら遺跡です。751年から170年間の長きにわたって操業が続けられ、大正10年にその火が消えました。このことは、この地がたたら製鋼を継続して行なうのに最適であったことを意味しています。

菅谷高殿に実際に行ってみると、うっそうとした森林地帯のなかに、その当時の建屋が残ってい

図３－９　菅谷たたら高殿（改修前）

図３－１０　山内地区の町並み

ます。高殿式の製鋼が始まってから約300年あまり、豊富な森林資源と、原料である砂鉄に恵まれた吉田町での鉄の歴史を感じます。高殿の中に足を踏み入れると、先人達が私達に遺してくれた歴史遺産を体感することができます。この田部家所有の高殿は、火が消えた後、炭小屋として使用され、取壊されることなく保存されました。現在は、雲南市に移譲され、修理され公開されています。

たたら吹きに従事していた人達の職場や、住んでいた地区を総称して「山内《さんない》」といいます。たたら製鉄の技術者達の日常生活がここで営まれました。たたら製鉄の技術者達はもう一人もいません。しかし製鉄で山内が盛えた頃を偲ぶことのできる町並みがここには残っています。家屋は改築を繰り返していますが、昔からの伝統が受け継がれています。静かな山内の中をゆっくり歩いてみると、昔からの鉄鋼をつくる作業の全般が見えてきます。

▼吉田町の金屋子神社の桂の木

日本中の鉄の神様である金屋子神社では、神木は桂の木で、神社とセットとなっています。特に雲南市吉田町の菅谷たたら高殿の横には大きな桂の木があり、有名です。この桂は、毎年3月下旬新芽の芽吹くことにより、赤く染まり、とても綺麗です。夕日に映えて染まった景観には感嘆の声が聞こえます。この景観の素晴らしさにより、「菅谷たたらとカツラの木」は島根県景観大賞を受賞しています。ただし、この景観にお目にかかれる日は毎年変わり、それも3日間くらいしかないとのことで大変貴重です。

(2) 出雲の古代製鉄遺跡②たたらで財をなした旧家ともののけ姫

たたらは、すでに述べたように砂鉄と木炭を必須材料としますが、花こう岩地帯である中国山地は良質の砂鉄が豊富に埋蔵することから、国内屈指の鉄生産地帯であったのです。実際、明治初期の工部省鉱山課作製『鉱山借区図』を見ると、さながら中国山地一帯が一つの巨大な鉱山であったといえます。

鉄生産に不可欠な木炭、すなわち森林資源に恵まれたことも幸いしました。アニメ映画『もののけ姫』とたたら製鉄との場面にあるように、森林破壊と天井川などの代償とのバランスに苦心したことも偲ばれます。

▼田儀櫻井家たたら製鉄遺跡

田儀櫻井家たたら製鉄遺跡は、出雲の田儀海岸から7キロほど、狭く険しい車1台がやっとという谷筋を上った山間《やまあい》にあります。江戸時代初期から明治23(1890)年まで約250年間にわたり操業したといいます。今は無人の廃墟ながら、整理された遺跡は、櫻井家の屋敷跡、鍛冶屋跡、従業員の集落跡、墓地や金屋子神社やお寺で構成されています。周辺に分散するたたら跡とあわせ、近世のたたら製鉄の一貫した工程をイメージできる稀有な場所です。

田儀櫻井家は、奥出雲の上阿井櫻井家の分家にあたり、将軍家光のころに海に近い田儀で製鉄を始めたといいます。田儀の山は立木が豊富で、木を切って炭がとれるので、櫻井家は鉄山職人を引き連れ山の近くに移住し、操業しました。明治初年のピーク時には、家族もいれると700人を数えたといいますが、今はその面影を探すのは容易ではありません。

ここの遺跡の目玉は櫻井家の屋敷跡と金屋子神社（跡）です。家屋自体はありませんが、背後の庭を囲むように崖にそって組み上げた5段の石垣が見事に残っています。残された大きな手水鉢《ちょうず》からも、その立派さが偲ばれます。

少し離れた金屋子神社は、小高い山の一直線の石段を登ったところにあります。階段中央にロープがありこれを伝って登ると、あたり一帯の見晴らしが広がります。

▼朝日たたら跡を訪ねる

朝日たたら跡は、出雲市佐田町高津屋の国道沿いのトンネル前の道を少し山のなかに入ったところにあります。元々は田儀櫻井家が経営する代表的なたたら場で、地下遺構が良好に残ってます。技術に関心を持つ方々には、きわめて貴重な遺跡かと思います。

昭和56（1981）年4月に水田区画整理工事中に発見され、調査の結果、複雑かつ緻密なたたらの地下構造をそのままもつことが判明しました。炉床は類似の高殿鈩の中では小規模のもので、東西を軸とする近世鈩の標準的な配置を持っています。このようなことで、現状保存され平成18

図３－１１　田儀のたたら製鉄遺跡

図３－１２　朝日たたら跡

（２００６）年には、国史跡に指定されました。

じつは田儀櫻井家関係文書には、朝日たたら跡に関する記述がありませんでしたが、小字名などの地名では「鍛冶職場」「金屋子神祠跡」「屋敷田」などが残っていました。地元の伝承として「田儀櫻井家が家業の不振挽回のために、この地で操業を始めた」とも伝えられていました。古くから当地はたたら跡ではないかとも思われていたそうです。まさに貴重な産業遺跡です。

（3）近代まで継続しているたたらスポット――和鋼記念館（安来）、かんな流しあと

▼冶金技術と玉鋼――和鋼記念館から和鋼博物館へ

玉鋼は軍刀用として、結構最近（第二次大戦の終戦、１９４５年）まで実用的に使われていたのです。和鋼の技術を後世に伝えることを目的として和鋼の博物館を作ることが計画され、昭和21（１９４６）年に「和鋼記念館」と命名され、企業博物館として開館しました。この当時の建物は大変風情あるもので、筆者は気に入っていました。昭和62（１９８７）年、地元の安来市は、和鋼記念館の重要有形民俗文化財２５０点を含む収蔵資料の移管をうけ、日本の伝統的製鉄法「たたら」に関するわが国唯一の総合博物館として「和鋼博物館」をオープンしました。

種々の和鋼の製鉄用具の展示や映像、体験コーナーをとおして、たたら製鉄とその歴史・流通、さらに各種匠技が広く紹介されていて、和鋼・たたら総合展示館となっています。

図3－13　和鋼博物館

▼砂鉄の山と斐伊川の氾濫

古来、鋼《はがね》の原料になってきたのは何度か述べたように地元の出雲砂鉄です。この砂鉄が鋼塊のかたちにされて海岸へ運び出され、和船に積みこまれて全国に送られていきました。とくに船通山に源流をおく斐伊川上流域の地域は、良質の砂鉄を多く含む風化花崗岩（真砂土）によって覆われており、古くから砂鉄を原料とした「たたら製鉄」が盛んな理由がわかります。

原料の砂鉄は、山の斜面を利用した水路に土砂を流して、流水による比重選別によって土砂の中の砂鉄分だけを凝集する「鉄穴流し（かんなながし）」という方法で採取されていました。砂鉄を採取した後の大量の土砂は、そのまま河川に流されたため、たたら製鉄が盛んになるにつれて、斐伊川の川底に溜まっていわゆる「天井川化」現象があらわれました。斐伊川は川底が周囲の平野の地面より高い「天井川」なのです。

天井川の斐伊川は、ひとたび氾濫すると、その被害は簸川平野一帯に広がります。また、宍道湖と中海をつなぐ川幅が狭いため、宍道湖周辺では水があふれやすくなっています。

筆者の実家は、まさに斐伊川下流の高い土手のふもとにあります。土手に上がると、川側の底が上がっているのが見えます。大雨になると、中堤防はよく切れるので、毎度毎度、ひやひやものです。その恐怖心は忘れることができません。しかし、逆に言うと、そのおかげで肥沃な出雲平野ができたとも言えるのですが……。

▼鉄穴《かんな》流し——奥出雲の産業遺産

近世のたたらでは、「鉄穴《かんな》流し」という手法で砂鉄を採取していたと述べました。鉄穴流しとは、砂鉄を含む山砂を渓流に流し、軽い砂は早く下流に流し、砂鉄は底に沈んで溜まるという原理を使い、これを繰り返すことで砂鉄の含有率を上げる比重選鉱法です。砂鉄の含有量の多い（といっても0・5〜数％程度です）風化した花崗岩などの山際に水路をつくり、山を崩して玉突き式に土砂を水路で下手の選鉱場（洗い場）に運ぶのですから、95〜99・5％は砂が下流に流出するのです。

実際に奥出雲町竹崎の羽内谷鉱山に鉄穴流しを見にいきました。選鉱場は大池《おおいけ》—中池《なかいけ》—乙池《おといけ》—樋《ひ》の洗い池に分かれ、順次これらの洗い池を通しながら軽い土砂を下手に流し、重い砂鉄を沈殿させて選鉱した作業を、そのままに見ることができます。砂鉄は重いので、川の曲がりくねった内側に

図３－１４　斐伊川のながれ（ヤマタノオロチという人も……）

図３－１５　奥出雲の鉄穴流し跡

貯まったり、浜辺に貯まったりします。

奥出雲町でも昭和47年まで鉄穴流しが行なわれていました。通常、この作業は秋の彼岸から春の彼岸までの農閑期に行なわれました。冬に寒い奥出雲地方の花崗岩は雨風による風化が進みやすく、たたら製鉄に適した砂鉄を採取するには好都合ですが、冬期の雪中の大変過酷で危険な作業であったようです。砂を流すほうも、流されるほうも必死で生きていた背景が見えてきます。

4章 戦国時代から江戸、明治の歴史・文化と建造物

中世から近世まで

4—1 武家時代の歴史

(1)月山富田城《がっさんとだ》

歴代の出雲国守護職の居城で、戦国時代には尼子《あまご》氏の本拠地。安来市広瀬町の富田にそびえる月山富田城《がっさんとだ》は、月山(海抜197m)を中心にして築かれました。15世紀前半ころから、尼子氏は月山富田城を拠点として出雲・隠岐を支配していました。その後、尼子氏は1566年に毛利氏の軍門に下ります。

図４－１　月山富田城の登り口

▼月山富田城「天空の城」

周囲は断崖絶壁の山城で、幾重にも連なる尾根ごとに砦が築かれ、ふもとを外堀のごとく飯梨川が流れ、最も難攻不落の要塞城「天空の城」とも呼ばれました。

出雲に攻め込んだ毛利元就は永禄7年より富田城を包囲しましたが、尼子軍も堅固な城地を背に果敢に応戦しました。なかでも山中鹿介《しかのすけ》の活躍は有名です。幾度となく戦が行なわれ、最終的に尼子氏は毛利氏によって滅ぼされ、城も毛利領となりました。

慶長５（１６００）年以降、堀尾氏が城主となりますが（次の（2）参照）、地政学的な観点から慶長16（１６１１）年、堀尾忠晴が松江城に移り廃城となりました。今では城下はハイキングコースになっており、川沿いには、歴史博物館が存在しています。

▼尼子十勇士は実在するか

十勇士といえば、昨今は真田十勇士が有名です。これは講談などで作られた架空の勇士ですが、尼子十勇士は実在したという説があります。ただ、誰がというといろいろな説があるようで、3人までは確実らしいのですが、他の勇士は未確定です。

ともあれ、十勇士の中で山中鹿助がその筆頭であり知れわたっています。広瀬町では、山中鹿助を主人公としたNHKの大河ドラマを、という運動をしていますが、実現すると大変嬉しいことです。

▼阿位八幡宮の押輿《おしこう》神事（奥出雲町）

この神事は、毛利氏により神社の合祀が命じられ、鎮座地を巡り神輿《みこし》の押し合いをしたことが始まりといわれています。2つの地区（上阿井と下阿井）が2組に分かれ、石段の上から投げ落とされた約150kgの神輿を押し合い、自分の地区側に神輿を寄せようと必死の攻防を行なう勇壮な神事です。やはり、自分の地区にあった神社は捨てられないということです。その後は一杯やる直会《なおらい》ですね。

(2) 月山富田城から松江城に

慶長5（1600）年関ケ原の戦いの結果、豊臣方の毛利氏は防長二国に押し込められ、論功のあった堀尾吉晴（息子の忠氏との説もあり）は出雲・隠岐二十三万五千石に報じられ、月山富田城に入りました。

しかしながら、出雲の地では東により過ぎていること、家臣団が居住するには富田の町は狭すぎ

図4－2　国宝　松江城

たため、最終的には松江を選び築城し、現在の松江城が成立しました。

堀尾氏は、初代吉晴の息子忠氏は若くして亡くなり、その子の忠晴が幼くして2代目の藩主となりました。その忠晴も若くして亡くなり、跡継ぎがいないので、いとこを末期養子として届け出ましたが認められず、断絶（1633年）となりました。

▼国宝　松江城（別名　千鳥城）

松江城は平成27（2015）年に再国宝化を果たします。現在国宝の城は、国内で5城、姫路城、彦根城、犬山城、松本城に続いて指定されました。この中で、松本城と松江城は城壁が黒い城で、姫路城、彦根城、犬山城は白い城です。一説には豊臣の黒い城、徳川の白い城ともいわれていますが、これは建築技術の変化によるものと思われます。豊臣時代は防腐剤として柿渋と黒漆を塗っていたため黒い城になり、徳川時代に入ってからは火災に強い石灰を材料にした白漆喰を使ったので白い城になったのです。この境目は関が原の戦い（1600年）あたりです。

確かに、姫路城（1609年築城）、彦根城（1606〜7年築城）、犬山城（1620年頃3、4階増築）、松本城（1590年築城）、松江城（1611年築城）。これから見るに、松江城は伝統技術を選択したということでしょうか。

なお松江城は、昭和10（1935）年に「国宝」に指定されるも、昭和25（1950）年国宝指定の基準が変わり「重要文化財」へ、そして65年後、松江神社の木札調査の際に、築城の時期が慶長16（1611）年であることを示す「祈禱札」が発見されたことで（500万円の懸賞金付きで探していた）、再度「国宝」へ指定されました。

▼雑賀衆《さいか》

松江市雑賀町。松江城を築城した堀尾吉晴が、紀伊国（和歌山県）の雑賀衆を松江に迎え、最精鋭の鉄砲足軽集団の居住地として造成したのが今の雑賀町です。

雑賀衆は中世の紀伊国にいた鉄砲で武装した侍集団で、16世紀当時数千丁の鉄砲を持ち、高い軍事力を持つ傭兵としても活動する一方、海運や貿易も営んでいたと伝えられます。豊臣秀吉の時代、土豪の在地支配が解体されようとすることに雑賀衆は反発。これに対し、秀吉が紀伊に攻め入り攻撃し、雑賀衆は壊滅しました。その結果、雑賀衆は各地に散らばっていったのです。

松江城を築城した堀尾吉晴は、雑賀衆の鉄砲の威力を知り、松江城を守るために受け入れたといいます。とはいえ、徳川時代になると平和な時代となり、「武」から「文」が求められる時代となりました。雑賀町の足軽は下級武士であったため、向学心があっても藩の学校（修道館）には入学はできませんでしたが、多くの教育者が作った私塾や寺子屋に行き学んだのです。

雑賀町は教育熱心であり、この地から、第25、28代首相の若槻禮次郎、大日本体育協会会長の岸清一、版画家の平塚運一など多くの著名人を輩出しています。地域としての纏《まとま》り、教育者の存在、

図４－３
雑賀魂と書かれたライオン像

教育熱心などの結果でしょう。今も地元の雑賀小学校の正門前に「雑賀魂」と書かれたライオン像があり、初代校長の「人間本来の心を培い自主独立・不屈の精神」との精神を学んでいます。

寛永11（1634）年、堀尾氏は子供がなく断絶。新たに京極若狭守忠高《きょうごくわかさもりただたか》が松江藩主に。忠高亡き後、甥の高知を末期養子に据えましたが、認められず断絶となりました。しかしながら、過去の功績により高知は播磨国龍野藩の大名に。その後、讃岐国丸亀藩に転封し、京極氏は明治の廃藩置県で丸亀県になるまでその地を治めました。

▼若狭土手と京極若狭守忠高《きょうごくわかさもりただたか》

現在の出雲市には、八岐大蛇退治で有名な斐伊川が流れています。この川の下流にある、出雲市武志町《たけしちょう》付近の土手が頻繁に決壊し洪水となっていたため、この地を治めていた京極若狭守にとって治水が重要課題でした。

京極若狭守は治水学者を招き、従来は日本海に注いでいた川の流れを東に変え、宍道湖に注がせる大工事を始めたのです。京極家は断絶しましたが、その後松江藩主となった松平氏も治水工事を継続しました。京極若狭守が手がけたことから、斐伊川下流左岸武志辺りの土手は「若狭土手」と呼ばれています。

この他、安来市大塚の伯太川の土手にも「若狭土手」の名前が残っています。かさ上げされたことを祝って、土手に作られた大塚両大神宮（安来市大塚）がそのかさ上げの高さを示している、といわれています。

4―2　松平氏、松江藩の残した明治までの文化

京極氏のあと、寛永15（１６３８）年徳川家康の二男の子供である孫の松平直正が出雲国十八万六千石と隠岐一万八千石を預かり、松江に入りました。そして松平氏が明治４（１８７１）年の廃藩置県に至る２３２年間にわたって松江藩を治めました。

(1) 松江の殿様、松平家

▼松平直政と国宝松本城

松江藩初代の松平直政は、信州の松本藩七万石をへて、松江藩十八万六千石の藩主となりました。家康の孫という家柄と実力を兼ね備えた人物であったと思います。

直政は、平成27（２０１５）年、念願の国宝の再認定を受けた松江城（堀尾氏が築城）の藩主であり、また同じく国宝の松本城にも関与しているのです。日本全国で国宝の城は5城しかありません。松本城は、石川康長によって大天守、乾小天守、渡櫓《わたりやぐら》が造られ、その40年後藩主となった直政が辰巳附櫓《たつみつきやぐら》と月見櫓を増築し、今のバランスの取れた松本城になっています。歴史の中には、特定

の人にこういう物事が結びつくことがあり、不思議です。

図４－４　月照寺の大亀の石碑と亀

▼松平家の菩提寺・月照《げっしょう》寺

月照寺は松江藩松平家の菩提寺であり、初代直政から斎貴《なりたけ》まで9代の藩主と初代直政の母親の月照院の墓があります。約3万本の紫陽花があり、6月には咲き乱れ「山陰のあじさい寺」と呼ばれています。閑静な中に、7代治郷《はるさと》の父の寿蔵碑で大亀の背に乗った石碑があります。この亀は、夜な夜な町へ散歩に出るという噂話が、小泉八雲の「知られぬ日本の面影」に書かれています。

▼松平不昧《ふまい》公

松平氏7代治郷《はるさと》は17歳で家督を継ぎ、危機的な藩財政の改革を実施しました。治郷公は茶の湯を石州流に学び、その後あるべき茶道を求め続け、それを志ある武家に教授しました。後に「不昧」と号したことから生み出した茶の湯のお点前を「不昧流」と称します。不昧公は「我が流儀立つべからず諸流皆我が流」として、基本的な考え方は、茶の湯の基礎を確立した千利休に戻ることを目指しました。

また、茶道具の天下の名器が散逸することを見かね、積極的に収集・分類し、「雲州蔵帳」なる名器のランク付けした一覧表を作成しました。藩内でお茶道具の工芸品の製作を奨励、優れた職人を保護しています。茶の湯に不可欠な和菓子についても、松江は全国でも有名な地になっています。

このような背景から、武家の間でたしなまれていた茶の湯が、明治以降に庶民の間でも文化が広まり、現在に至っています。裏千家、表千家などの日本の中のブランド流派は大事ですが、出雲の住人は不昧流茶道の心得を体験し、日本の各地、外国に行った時に語るとよいのではないでしょうか。

仕事などで海外に行くと、海外の多くの方は自分の出身地の文化、催しなどについて熱く語っていました。こちらも出身地の話題を語るのは、相手との親密さを深めることに繋がります。

▼茶道は自動車産業⁉

筆者の一人は出雲に帰郷後、茶道不昧流を遅まきながら習い始めました。お点前はもとより茶道具、書、花、花器、基本的な礼儀など、何もかもわからないことだらけですが、興味深いものです。習いはじめた結果、季節感について敏感になりました。茶道の世界では季節感が重要で、この点の知識と感性も少しずつではありますが上昇中です。茶事における料理である茶懐石は、いかに旬のものを織り込み、春夏秋冬を表現するかに腐心します。

このように、季節感を持つことは自然と共に生きると感覚が養われ、自然との付き合い方が変わり、旧暦にも親しみが湧いてきます。未経験の方、地元の方にもやってみたらいかがですか、と勧めています。

茶道は、茶事全体を見ると、多数の道具類、軸物、茶花、抹茶、和菓子、会席料理、茶室、庭などのバランスをとり、季節のものを揃え、茶事の主人である亭主がお客を接待します。そのために、不昧公のように財力と権力がある人は、自分好みの職人を育てるといったことを行なったのです。よって、その人の力量が問われることになりますが、その点においても、不昧公は一流でした。出雲地区にそのような職人を育て文化圏を創り上げています。

茶道は、産業で言えば自動車産業に比類できるかもしれません。自動車は約10万点の部品を集め組み立てます。どの部品が欠けても自動車は成り立ちません。裾野が広い産業で、自動車メーカーの設計者は妥協せず、自分の思想の車をつくる努力をしています。

(2) 出雲の本陣

藩主などが領地の視察、出雲大社への参拝、鷹狩りなどの際に使った休憩、宿泊の宿が本陣です。民間の経済的に豊かな家がその任に当たっていました。お供も最大200人位はいたようなので、条件は次のようなものでした。

・街道に面している
・藩主専用の御成門、御成座敷の設定と諸道具の用意

・70人程度の宿泊が可能（お供は分宿）

費用は一部は藩から支給されるとはいえ、半分以上はその家の負担となり大変だったようです。時には身代が破綻することもありえました。その際には、家を立て直すために「逼塞《ひっそく》」というやり方があったそうです。それは、藩に逼塞願いを出し、それが許可されたら「逼塞」という札を家に出しておくというもの。そうすると、本陣の役目を免除されるということでした。本陣は名誉でもあり、苦労でもあったのです。

本陣は松江市の木幡《こわた》家、出雲市の木佐家、藤間家、手銭家、山田家、そしてたたら製鉄の御三家の田部家、絲原家、櫻井家など名家が務めていました。いくつかの家では、内部と当時の素晴らしい御道具を見せていただけます。

▼八雲《やくも》本陣　松江市宍道町《しんじ》

宍道は古くから水陸交通の要所として大いに栄えた場所でした。江戸時代には宿場町として発展し、当時あった3軒の本陣の内の1軒、木幡《こわた》家の「八雲本陣」が残り、現在も一般公開されています。「八雲本陣」は敷地1200坪、建坪800坪。江戸中期の享保18（1733）年の建築で、国の重要文化財です。

八雲本陣を管理されている木幡家の当主の方が建物を維持するための苦労を話されているのをテレビの番組で見ましたが、本当に大変だと思いました。近くには木幡家の代々が集めてこられたコ

図４－５　八雲本陣

図４－６　平田本陣

レクションが納められている「宍道蒐古館」があり、ここも見ごたえがあります。

▼**平田本陣**（出雲市平田町）

平田本陣は、酒造業や木綿販売などで財を成した本木佐家《ほんきさ》が、享保20（1735）年に建てた本陣です。現在は移築、復元され「出雲市立平田本陣記念館」となっています。

復元された本館は、出雲市に寄贈された屋敷の部材を使い、柱や梁《はり》を、釘を使わない当時の工法で組んでいます。藩主が使った「上《かみ》の間」や藩主専用の「御成《おなり》門」は、当時のそのものを移築しています。庭園は「出雲流」と呼ばれる枯山水の平庭で、飛び石が地面から高く顔を出し、雪の日でも歩行可となっています。

（3）出雲に残っている江戸・明治の建造物

▼**松江武家屋敷**（松江市北堀町）

この武家屋敷は、享保18（1733）年の大火の後再建され、約270年前の古い姿のままよく保存され、松江市の文化財に指定されています。江戸時代初期から松江藩の六百石程度の中級藩士が、入れ替わり住んだところです。

松江藩の奉行の塩見氏が一時住んでいたことに因んで名前がつけられた塩見縄手には、かつて松江藩二百石から六百石取りの藩士の屋敷が並んでいました。最近は松江城の東の、江戸時代松江藩の家老屋敷が立ち並んでいた場所に、武家屋敷も含め城や町の仕組みなどを展示する松江歴史館があります。

▼平田木綿街道の本石橋邸（出雲市平田町）

出雲平野は汽水湖である宍道湖の影響で、塩分を含む土壌で稲の生育には不適当でした。塩分の含まれた土壌には木綿が適しているので、土地から塩分を抜き稲作に転換するため、木綿の栽培が広まりました。

木綿は松江藩の収入源としても重要でした。この木綿のほとんどが水上交通の要所であった平田町市場で売買された結果、町は大いに繁栄し、立派な町並みが形作られました。雲州《うんしゅう》平田木綿はそのブランド力が高まり、京都に本店を構える越後屋（三井）までが買い付けに来たそうです。ただ、幕末がそのピークでした。明治に入り綿花の関税が撤廃されると、安い海外製品が入り、急激に平田の木綿の商いは衰退してしまいました。しかし面影は今でも残っています。

切妻妻入塗壁造《きりづまつまいりぬりかべづく》りの町並みと、木綿街道交流館があります。その隣には大地主で雲州木綿の集荷を中心とした荷宿を営んでいた石橋家の邸宅「本石橋邸」があります。

江戸時代の松江藩主をお迎えする格式ある書院造りである御成座敷や数多くの石とよく手入れされた樹木の庭など、見るべきポイントがいっぱいで、お庭を散策させていただけます。

図4－7　松江武家屋敷

図4－8　本石橋邸

▼出雲文化伝承館（出雲市浜町）

明治29年に建てられた、出雲地方の大地主だった江角《えずみ》家の母屋、長屋門《ながやもん》を移築したものです（次項の斐川旧豪農屋敷の江角家とは親戚関係）。中に入ると広い土間に立派な欅の大国柱、黒松の梁組が屋敷の風格を物語ります。建物の南側は座敷が続く三間造りで、書院から見える出雲流庭園は、出雲様式の平造り枯山水の回遊式庭園です。北西に出雲地方独特の築地松をめぐらせ、また巨大な飛び石や短冊石を配しています。四季折々、美しい木々の緑が楽しめ、出雲の文化が味わえる庭園です。

▼斐川旧豪農屋敷（原鹿の旧豪農屋敷）（出雲市斐川町）

出雲市斐川町は平成11年に出雲市・大社町とともに農林水産省の「田園空間博物館構想」の指定を受けました。その主な特徴は築地松が点在する景観および旧豪農屋敷が代表として挙げられます。

この旧豪農屋敷は久木・原鹿地区の豪農の江角家から譲り受け、可能な限り使えるものは使用し修復したものです。家は江戸時代の建築様式で、庭は典型的な出雲流枯山水庭園で、庭の中央に敷かれた短冊石は日本でも最大規模です。

図４－９　出雲文化伝承館

図４－１０　旧豪農屋敷

(4) 御三家と呼ばれる鉄師の屋敷と庭園

▼田部家《たなべ》［田部家土蔵群］(雲南市吉田町)

田部家の先祖は、紀州熊野の豪族田辺氏。吉田村に移住した後にたたら製鉄を行ない、大正末期まで続けた旧家で、山林王とも呼ばれました。代々田部長右衛門を名乗られています。

吉田町の田部家には見事な18棟の白壁土蔵群があります。その周辺は町並みが整えられ、たたら製鉄について展示されている「鉄の歴史博物館」「鉄の未来科学館」などもあり、大人も子供も楽しんで勉強のできるところになっています。

田部家には多くの美術品、茶道具があり、これは田部美術館(松江市北堀)で見ることができます。

▼絲原家《いとはら》［記念館、居宅庭園、洗心乃路］(奥出雲町大谷)

江戸初期に備後国(広島県)から移住し、当地でたたら製鉄を実施し、大正末期にたたらの火を消すまでたたら製鉄を続けた旧家です。記念館には、たたらの原理の説明から始まり、道具、製品などが非常にわかりやすく展示されています。また、絲原家に伝わる絵画、茶道具などの美術品や、当時の松江藩の藩主が訪れた際のお膳などの道具が展示されています。

居宅は延床面積が約490坪、部屋数は約40室の広大な居宅です。庭は池泉回遊式の出雲流庭園だそうで、ここを訪れた歌人与謝野鉄幹・晶子が庭を見て作った歌も紹介してあります。なお、筆

図４－１１　田部家土蔵群

図４－１２　絲原記念館

図４－１３　可部屋集成館

者もこれらの庭を見ながら座敷で抹茶をいただきました。お茶をいただいた後、少し歩き散策路である洗心乃路へ。ここには、山野草、茶花、樹木が約３００種あるそうです。いろいろな植物を見ながら散策しましたが、筆者が訪れたのは9月で曙草の可愛い花が印象的でした。

その佇まいから、絲原家は映画のロケ地にもなっており、少し前ですが映画『絶唱』で使われました。

▼櫻井家［可部屋集成館、日本庭園］（奥出雲町上阿井）

櫻井家は、戦国の武将　塙団右衛門の末裔で、嫡男が母方の姓櫻井を名乗り広島の福島家に仕えた後、鉱山業を営み、その後出雲に移りたたら製鉄を行なった旧家です。

屋号の可部屋をつけた、可部屋集成館には多くの美術工芸品、藩主が訪れた際に使った道具、古文書など数々の展示品が並んでいます。その隣に、山の借景を取り込んだ、見事な日本庭園と歴史を感じさせる邸宅があります。筆者は、秋に行きましたが、邸宅の見事さとともに、当たり一面の紅葉の見事さに感心しました。

4―3　明治時代ごろの歴史文化のエピソード

▼義勇の碑

出雲市三保町唯浦の海岸には、「義勇」と刻まれた石碑があります。これは、明治元（１８６７）年12月27日地元の港から出航した漁船が嵐にあい、唯浦の青年達15人が救援活動をしました。しかしながら、唯浦の青年達は戻ってはきませんでした。

唯浦では、悲しみの中、15の藁人形に白衣を着せ葬儀を行なったそうです。当時青年達に夜学で海難救助の精神を教えていた塩津小学校の和泉林市郎先生は、「自分が教えたばかりに、こんな悲惨な結果を招いた」と胸を痛めました。その後全国から集まった多くの募金で、大正４年には「義勇」の文字が刻まれた顕彰碑が建てられました。仲間を自分の命の危険をかえりみず助けに行くという志を感じさせる明治の人々の歴史です。

図４－１４　義勇の碑

図４－１５　宇龍の港

▼歴史の町　宇龍

鷺浦とともに天然の良港として、北前船の港として栄えた宇龍は、戦国時代の大名尼子氏の主要港でした。中世から戦国時代にかけ栄え、倉庫業者である問丸と呼ばれる倉庫業者が店を並べていました。また松江藩時代も、外海に面した重要な港でした。

宇龍は「出雲国風土記」にも記載があり、「出雲郡に……宇禮保浦《うれほ》（宇龍のこと）。広さ七十八歩あり。船二十許《ばかり》泊《は》つべし。……」とあり、この時代（700年代）から栄えていたのです。

ここの松江藩の蔵屋敷を見せていただきました。当時は、港に向かい道を挟んで米蔵と塩倉が並び、お手船蔵といっていました。現在は、1棟を残すのみです。

明治9（1876）年10月の萩の乱における首謀者の長州藩士・前原一誠ら7人が捕らえられた所としても知られています。宇龍港では前原一誠に対して丁重に対応したという話が残っています。

▼四十二浦の氏神様巡り

島根半島の日本海側の四十二浦とその地域の氏神様を巡る、四十二浦巡りという巡礼があります。西は杵築（出雲大社）からはじめ、四十二浦を巡り、東の福浦（三保神社）まで行きます。巡礼者は各浦で潮垢離《しおごり》または、竹筒に海水を少量汲み、最後に集めた海水を一畑薬師などの神仏に奉納します。家内安全などの願いの成就、故人の冥福を祈るなど、いろいろな側面があるといわれています。

図４－１６　半島四十二浦巡りの旅
（発行者　島根半島四十二浦巡り再発見研究会）

この四十二浦巡りは一時廃れていましたが、「島根半島四十二浦巡り再発見研究会」（会長：飯塚大幸一畑薬師管長）の方々の尽力により再び表に出てきたものです。筆者も、この研究会の何回かに分けて行なわれた浦巡りに参加しました。

このような伝統は今の時代、意図的な試みがない限り消えていくものが多いのですが、四十二浦巡りが復活し残ることは大変ありがたいことです。

4－4　菅原道真、天神さんと出雲（今市天神人形、張り子の虎を含む）

（1）菅原道真は出雲生まれ

出雲の歴史ワンダーの一つが、菅原道真の話です。じつは菅原道真は出雲出身の人なのです。彼は全国ブランドで知られている平安時代の貴族で、学者、漢詩人、政治家で、特別に頭がよく、怨霊の人でもあります。醍醐天皇の時代に右大臣にまで昇りつめた人です。

しかし、ライバルになった左大臣藤原時平による陰謀で大宰府に左遷され2年後59歳で死去しました。その後、都で不可思議な天変地異がたて続けに起こり、菅原道真の怨念で引き起こされたと世間と朝廷で噂になり、道真を天満天神として祀ったことで、天変地異は治まったと伝えられます。

▼菅原天満宮（松江市）のいわれから

彼の生誕地については謎が多く、いろいろな説があります。しかし著者らは、出雲で生まれ育つ中で道真の出身地は地元であると信じています。その理由は、地元の人が学問の神様として普通にお参りにいくのが、松江市宍道町菅原の菅原道真の生誕地にあるといわれる菅原天満宮だったからです。


この神社の由来書には、明確に「道真の父親が出雲国庁に赴任していた際、菅原氏の祖先である能見宿禰《のみのすくね》の墓をお参りした。その際知り合った村の娘との間に生まれたのが道真で、6歳で京に上がるまでこの地で過ごした」と書いてあります。

現在の菅原天満宮の本殿は、松江藩の初代　松平直政公が、寛文3（1663）年造営したもので、また親戚筋の能見宿禰の墓は、菅原天満宮の脇にひっそりと鎮まっています。

図４－１７　菅原天満宮

図４－１８　生誕地の鼻繰梅《はなぐりうめ》

▼道真と梅

道真というと梅が有名ですが、それについても生誕地の鼻繰梅《はなぐりうめ》のお話として、以下のようなものがあります。

「幼少のみぎり、道真は梅の実を石に擦り、核に穴を開け、糸を通して遊んでいたところ、この核が地に落ち芽を出し成木と成った」。この木になる梅の実の核は先頭部に貫通する小孔があるそうです。その形が牛の鼻木を通す「鼻繰」に似ていることから「鼻繰梅」と呼ばれています。

この梅は、道真の誕生日の6月25日の御祭りに参られた方にお守りとして分けているとか。不思議なことに6月25日の時に合わせてこの実が熟れ、食べられるようになるというのです。またこの梅の実の種には穴が開いていて、通るということから合格祈願によいといううわさもでたようです。

(2) 天神人形のルーツ──野見宿禰と土師と菅原道真

菅原道真の家系をたどっていくと、出雲系の出身者にいきつくという不思議な縁もあります。道真の曾祖父は、遣唐使として派遣された菅原古人ですが、元の苗字は土師《はじ》姓だったといわれています。当時の光仁天皇より、従五位下の位を頂いたのを機会に、土師から住んでいた大和の菅原にちなんで菅原姓を頂戴したと伝えられています。

土師氏の祖は、古墳時代、埴輪を発明して人間のかわりに埴輪を埋めた野見宿禰《のみのすくね》です。出雲国の野見宿禰は垂仁天皇の時代に大相撲の起源とも言われる当麻蹴速《とうまけはや》との戦いが有名です。仁徳天皇に

図４－１９　江戸時代末期と言われる出雲の知井宮天神

図４－２０　出雲の立ち天神

土師部の役職に任ぜられ、土師氏の氏名を頂戴しています。

土師氏という氏族は、名前や埴輪からも予想されるように、もともとは弥生時代の土器製造のスペシャリストだったようです。どうも葬祭にもつながるイメージを持つようで、菅原家ではその名前があまり気に入らなかったようですね。

ただ、縁はつながるようで、大和（奈良）では出雲人形というと、土人形のイメージとなるようです。出雲は菅原道真の生誕の地であるため、天神さんになじみが深い各種土人形が存在しています。これは全国でも突出して美しいといわれる出雲の有名な天神人形や張り子の虎の人形につながっていきます。

(3) 出雲の天神人形が日本一の理由――今市、知井宮天神人形

出雲も含む中国地方では雛の節句に、初節句を迎えた男の子には天神人形を飾る風習がありました。江戸時代の後期から大正時代にかけて全国で天神人形はブレークしますが、地元の出雲では大変手をかけた天神様の人形が作られていたのです。この出雲天神人形は今では廃絶され知る人ぞ知る「郷土人形」ですが、全国の天神人形の中でも群を抜いて美しく、高い品格を兼ね備えたものです。

なんといっても顔だけでなく全体に施された胡粉の磨き出しは最高クラスの技術で、御所人形並みのグレードを誇り、今でもその輝きは残っています。写真はその「白天神」の一例ですが、表袴の色や衣服の三蓋松の描き方から、現在の出雲市の知井宮町でつくられたものとされています。

図４－２１　牛乗り天神や五色天神

▼天神人形のバリエーション

出雲の天神人形にはいろいろなバリエーションがあり、共通して美しい仕上げがされています。五色の変化した座り天神や立ち姿のものもあり土人形の伝統は生き続けてきました。人形は土焼きで、全体にわたって丁寧に胡粉を膠でといて掛け、磨き出しを繰り返して、きめ細かな美しい地肌に仕上げるのが特徴です。

この写真の立ち天神（高さ40センチ程度）は、顔に気品があります（図４―20）。全体に磨き上げた赤い束帯に身を包み威儀を正す颯爽とした姿となっており、道真公はかくあらんと思わせる出来栄えです。この今市土人形の作者は、もう一つの郷土人形の出雲張子虎（次の（４）項で紹介）を制作していた高橋家です。同家の天神人形には、ほかに土人形から型を取った張子の牛乗り天神や五色の座っている天神（図４―21）もありますが、最近は後継者不在で廃絶となりました。

もう少し素朴なものとして復元された出雲五色天神もあります。これは出雲地方生まれの天神様への信仰を背景とする「土天神《つちてんじん》」ですが、ある商家の改築の折に発見された型をもとに、「五常《ごじょう》の礼節」である「仁義礼智信」の五色に彩り復元したものです。

（4）出雲の張り子の虎：高橋商店のものから現在へ

次に、高橋家つながりで張子の虎です。出雲では出雲和紙を使った張子の虎が魔除けとして古くから飾られてきました。民芸品の代表的なもののひとつで、独特の「首振り形の張子の虎」の作り方で、出雲和紙を材料として江戸時代から作られ、今でも島根県の代表的郷土玩具となっています。

そのルーツは高橋張子虎本舗の張り子の虎となります。虎は「千里の藪を走り抜く」といわれ、勇気があって勝負に強いといわれます。出雲では男の子の節句にはなくてはならないものとなっていました。実は筆者の一人も寅年生まれであり、幼少のころからこの虎は友達として、なじんできたものでした。

この虎の顔の絵付けが肝心です。作成技法は、型にそって紙を貼り、乾いたところでナイフで切り、中の型を取り出す、という全て手作りの工程です。

図４－２２　高橋張子虎本舗の張り子の虎

図４－２３　昭和 37 年のお年玉切手の図案

なお、この張り子の虎が全国版になったのは、昭和37年のお年玉切手の図案に取り上げられてからです。出雲の張り子の虎がそのモデルとして全国デビューを果たしたのです。

4―5　初めて（はじまり）と終わりの物語

出雲には、発祥の地、日本で初めて、といわれる物事、また電車の廃線に代表されるような終わりの物語もあります。ここでワンダーランドの一部として紹介しましょう。

（1）初めて（はじまり）の物語

▼和歌のはじまり

スサノオノ命がヤマタノオロチを退治し、助けたクシイナダヒメと結婚しました。その住まいを探している時に雲南市大東町須賀を訪れた際、その場所を気に入り宮作りされました（須我《すが》神社）。その際、雲が立ちのぼる光景を見て、詠われたのが「八雲立つ　出雲八重垣《いずもやえがき》　妻籠《つまご》みに　八重垣つくる　その八重垣を」で、日本最古の和歌とされ、和歌発祥の地として有名です。

▼ぜんざいのはじまり

ぜんざいは、出雲地方の「神在餅《じんざい》」に起因しています。出雲地方では旧暦の10月に全国から神々

図4－24　須我《すが》神社の和歌発祥の地の碑

が集まり、このとき出雲では「神在《かみあり》祭」と呼ばれる神事が執り行なわれます。そのお祭りの折に振る舞われたのが神在餅です。その「じんざい」が、出雲弁（いわゆる「ずーずー弁」で有名です）で訛って「ずんざい」、さらには「ぜんざい」となって、京都に伝わったと言われています。

昔は出雲地方の普通の農家でも、この日の朝に餅をつき参拝するならわしがありました。参拝するものは必ず一重ねのオカガミ（餅）をもって参った後、小豆を入れた雑煮餅を作って家の神棚に供えてから、銘々も頂く風習があったようです。

▼道の駅のはじまり

道の駅は全国に現在1000箇所を越え、大変役に立ち、にぎわっています。この仕組みの発祥地は何処でしょうか？　実は、出雲にも「元祖」というか、道の駅の仕組みをつくった発祥地といわれる場所があります。それは「掛合《かけや》の里」（雲南市掛合町）です。竹下内閣の時代、「ふるさと創生事業」の一環で、現在の「掛合の里」にあった当時のドライブイン兼用の施設を見学し、これを道の駅の模範としたと言われています。時代を先取りしていたのですね。

ところで、この「掛合の里」の近くには、竹下登元総理大臣の実家の造り酒屋の㈱竹下本店（雲南市掛合町）があります。竹下元総理大臣はミュージシャンＤＡＩＧＯのお祖父さんですね。ＤＡＩＧＯブランドの日本酒もあります。

▼牛乳製法（パスチャライズ牛乳）のはじまり

「赤ちゃんには母乳を」と書かれている牛乳パックを見たことはありませんか？　これは雲南市にある木次乳業の牛乳です。この牛乳は「パスチャライズ牛乳」と称し１００℃以下の温度で加熱殺菌（65℃30分殺菌）したものです。高温で加熱処理した牛乳が保存性、流通性が高くなるのに対して、牛乳の本来の栄養成分や風味を損なうことなく提供できるとのことです。

パスチャライズ牛乳を製造するためには、細菌数の少ない生乳が必要で、綺麗な空気、水、適切な飼料、さらに、のびのび育った牛からの生乳が必要といいます。北欧ではこういった牛乳が多く飲まれていますが、日本では木次乳業が苦労のすえ初めて創り上げ、昭和53年から発売しています。雲南市では学校給食に使用しています。

このように手がかかっているため、値段は若干高めで、保存期間も短いですが、美味しいことは間違いありません。現在は、その魅力で全国各地の乳業メーカーも低温殺菌の牛乳を生産販売しています。

次の2点は飯南町の「はじめて物語」です。役場の産業振興課主幹の石飛幹祐さんが熱心に説明してくださいました。

▼農薬使用のはじまり

飯南町の神社と民家に眠っていた古文書。これは16世紀末の文書を書き写したとされる「家伝殺虫散」です。朝顔の種、トリカブトの根などを混ぜる農薬の生成法で、後に起こった害虫による飢饉の際、被害を免れたといいます。

これまでは、17世紀に入ってからの、鯨油を水田に流す害虫駆除が初めといわれてきましたが、飯南町での使用が農薬の初めてのようです。

▼国産ワイン醸造のはじまり

『明治八年　島根県史』によると、松江藩のお雇い外国人（砲兵教師）であったフランス人の「ワレット」の話を聞き、飯南町の藤村雅蔵なる人が、山葡萄を使い、ワインの醸造をしました。このワインで当時の政府に酒造許可を得ようとしましたが、酸味が強すぎるとの理由で許可されなかったようです。しかし、この醸造時期は国産ワインの初めとされる山梨のそれより早い、日本で初めて、との認識です。

(2) 終わりの物語――廃線を巡る

初めて(はじまり)物語のあとは終わりの物語で、まだ新幹線もありませんが、出雲の「廃線」を巡る旅にでましょう。

▼国鉄大社線と重要文化財の旧大社駅舎

国鉄大社線は、出雲大社にお参りする人々のための、出雲市駅から大社駅まで7・5㎞の鉄道でした。明治45(1912)年に開設され、平成2(1990)年に廃止されました。最盛期には1日15往復、列車が走り、昭和26~36(1951~1961)年には東京駅~大社駅直通の急行「出雲」が走っていました。

その後、利用客の減少と陸路による移動の活性化により廃止となりました。線路は残っていませんが、途中駅の2駅、旧出雲高松駅(開業当初は朝山駅)と旧荒茅《あらかや》駅はホームが残っています。平成28(2016)年3月には「大社駅はじまりプロジェクト実行委員会」主催のJR出雲市駅から旧大社駅までを歩く、「JR　旧大社線ウォーク」が開催されました。

現在も旧大社駅舎(大正13[1924]年に改築)は残っており、その近代和風建築は優れたも

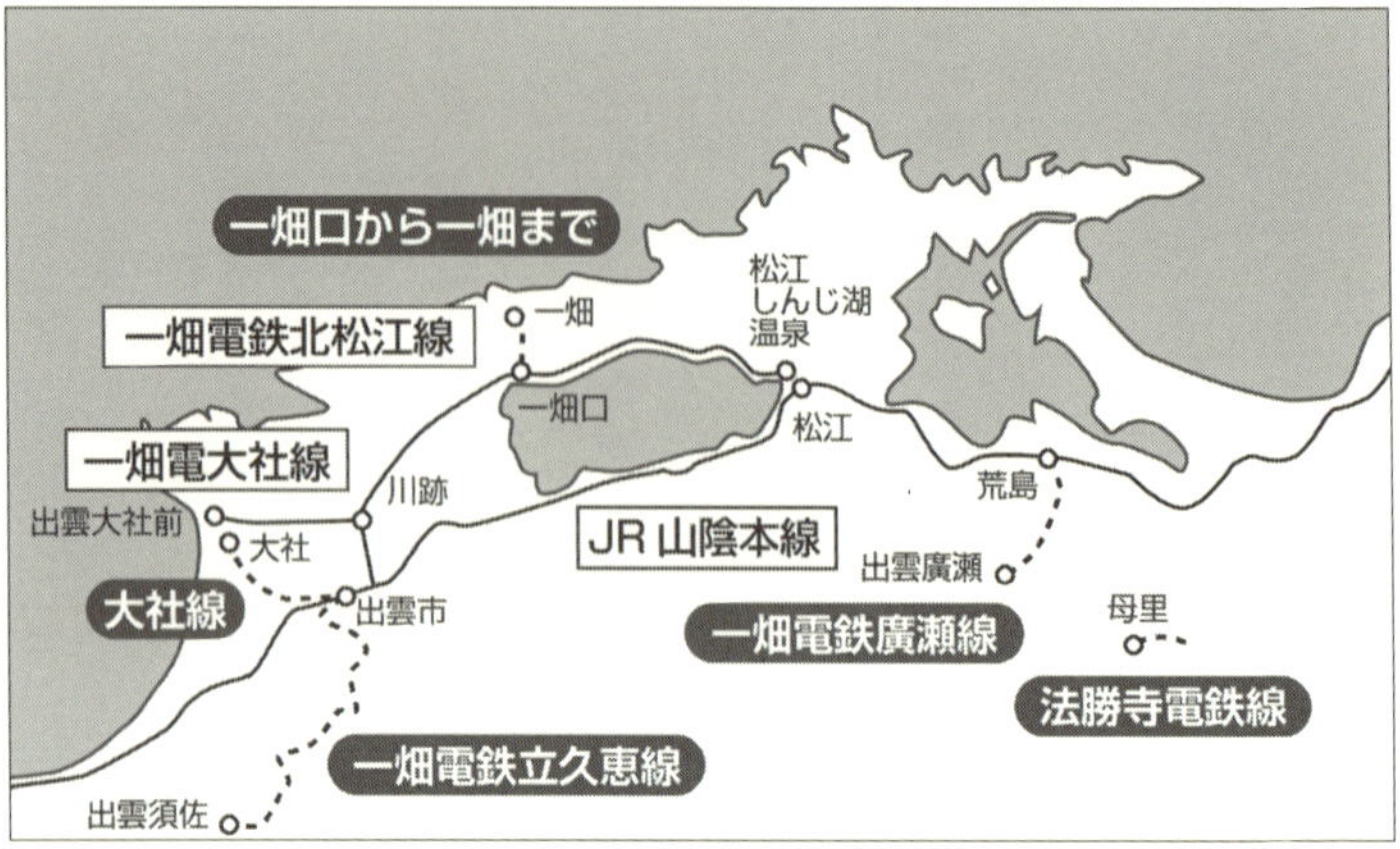

図４－２５　出雲の廃線の地図（破線が廃路線）

図４－２６　旧大社駅

ので、国の重要文化財となっています。屋根も凝っていて、いろいろ装飾もされており、必見です。重要文化財の駅は日本国内で3駅です。旧大社駅、東京駅、門司港駅。国宝の松江城といい貴重な文化財が出雲には残っています。

大社駅構内には、SLのD51が飾ってあり、運転席まで自由に入れます。駅のプラットフォームも残り、線路もプラットフォームの部分だけですが、少し草も生えた状態で残っています。筆者の子供の友達がここを訪れたとき、線路を歩きながらアメリカ映画の『スタンド・バイ・ミー』の世界だねと言ったそうですが、言い得て妙だと思います。

▼一畑《いちばた》電鉄の廣瀬線ほか

昔も今も、政治の中心地が栄え、その地が移ると旧中心地は急速に寂れるものです。堀尾氏によって松江に松江藩の城が移される以前は、月山富田城の城下の広瀬は大いに栄えていました。その後、繁栄の中心を松江に奪われ、また、山陰本線も遠く離れた松江を通ることとなり、繁栄を取り戻すために、鉄道を計画しました。

国鉄（JR）荒島駅から広瀬をつなぐ鉄道として、大正14（1925）年廣瀬鉄道株式会社を設立、昭和3（1928）年荒島～広瀬の8・3㎞を電化し、開業しました。その後、一畑電鉄が吸収しましたが、昭和35（1960）年廃止となりました。廣瀬線の跡地をたどることは難しいですが、旧出雲廣瀬駅舎は移設され、今は広瀬バスターミナルとして使われています。この建物には、「出

図4－27　旧母里駅　奥側の段がホームの一部

雲廣瀬駅」「一畑電気鉄道」の文字をうっすら読むことができます。その他、一畑電鉄の廃線を次に示します。

▼一畑電鉄・立久恵線：出雲市から出雲須佐まで。昭和7（1932）年開業、昭和40（1965）年廃止。

▼現在の電鉄出雲市から松江しんじ湖温泉駅の途中で、一畑薬師へ行く北松江線一畑口（小境灘）から一畑まで。大正4（1915）年開業、昭和19年営業休止、昭和35年廃止。

立久恵線は筆者の母親が若い頃通勤に使っていたそうです。筆者も乗車した記憶があります。なお、一畑電鉄はヒットした映画『ＲＡＩＬＷＡＹＳ』で、主演の中井貴一が運転手となった電車の鉄道会社です。

▼**法勝寺《ほっしょうじ》電鉄線**

大正13（1924）年に開業した法勝寺鉄道は、伯陽電鉄に社名が変更され、昭和5（1930）年、途中の阿賀駅（鳥取県）から母里《もり》（島根県安来市）に支線を開設しました。しかし、14年後の昭和19（1944）年に支線が休止され、その後全線廃止されました。

鳥取側からトンネルを抜け旧母里駅までの短い距離ですが、旧母里駅とトンネルを見に行きました。旧母里駅は安来市役所伯太庁舎の近くの畑の中に、ホームの一部とホームに上がる階段が残っていました。トンネルは内部を埋め、近づけないように看板で封鎖されていましたが、いずれも、昔の情景を思い出させる跡でした。

5章　歴史ワンダーランドから未来ワンダーランドへ

現在では日本全体が各種の進化の波に巻き込まれ、人々の教育、社会の仕組みが変わってきています。世界的な競争社会、いわば弱肉強食の世界です。このような世界では、個人と個人の付き合いは最小化され、他人に対する配慮も欠け、自分が自分が、という人の割合がどんどん増えていくでしょう。

進化はもちろん重要ですが、一度これにはまると抜け出すことはほとんど不可能です。このまま行くと、日本の文化も地域特有の事柄も、「古い」とか「過去の因習」とかいう名目によって捨て去られてしまいます。それを防ぐという意味でも、以下では出雲の歴史ワンダーランドを振り返ることで、貴重な価値を見出し、その可能性を振り返ってみたいと思います。

5—1　グローバル化社会と対極地域としての出雲

各種進化のなかでもグローバル化は日本に急速に浸透しており、農業生産物、工業製品などグローバルな生産分担（綺麗に言えば「すみわけ」）が定着しつつあります。人件費の安い地域を求めて、あるいは自国の最適の利益、安全保障上の観点などから、その分担は刻々変化します。しかし、少なくとも人間が生活していくうえでの最低必要物である野菜や米、農業製品、牛乳などがかなりの部分でその地域で「自給自足」できることが必要と考えます。

▼グローバル社会の中で必要な地域の条件

しかし、現実にはこのグローバル化をシャットアウトすることは不可能ですし、日本が将来とも生き残り将来の世代が引き続き豊かな生活をするためには、グローバル化はある意味で必要です。日本全体が鎖国するわけにはいかないのです。

グローバル化は今後世界が各地域、各国が立ち行かなくなるまで世界の隅々まで拡張していくことは間違いありません。それに伴い、価値構造として、日本のなかでグローバル化の対極地域（いわばグローバル化されていない地域）を意図的に持っておく必要を強く感じています。

その条件としては、下記が揃っていることと考えます。

・独自の文化、歴史が根付いている
・グローバル化が過度に加わっていない
さらに未来をかんがえると下記も必要となるでしょう。
・食物等の自給自足が可能
・U、Iターンの受け皿活動が組織的に実施されている

5―2　歴史ワンダーランドからの展開情報

こうした観点から見ると、特に出雲は「歴史のワンダーランド」であるとともに「未来のワンダーランド」に最適の地域と言えます。これまで提示した「歴史ワンダーランド」の内容を再確認してみましょう。なお、「未来ワンダーランド」は著者が先に出版した『島根の逆襲』でふれた「隠れ未来里」と重なることを申し添えます。

①独自の文化、歴史が根付いている

まず、歴史と文化。神話の世界、「出雲国風土記」の世界、国宝の松江城、重要文化財の旧大社駅など、これまでに述べてきた内容がまさに歴史のワンダーランドです。

出雲市の活動については、国県市の指定文化財だけではなく、身の周りの地蔵さん、顕彰碑、樹

木などを把握し、それに基づき「出雲市歴史文化基本構想」をまとめ上げようとしています。総合的に文化財を把握し、将来の世代にも伝えてゆくことは大変意義のあることだと思います。

「日本遺産」の認定が進められています。文化庁が推進している活動で、「地域の歴史的魅力や特色を通じて我が国の文化・伝統を語るストーリーを日本遺産として認定」(文化庁の「日本遺産」より)しています。２０１５年に18件、２０１６年に19件認定されています。今後、２０２０年のオリンピック開催までに全国で１００件程度認定するとのことです。

出雲では、２０１６年に雲南市・安来市・奥出雲町の「出雲國たたら風土記〜鉄づくり千年が生んだ物語〜」が認定されています。出雲は、この日本遺産に相当するストーリー性、さらに神話時代までさかのぼると、日本のなかで古代技術の源流として圧倒的な存在感があります。ミステリー性を含めてこれからも認定されていくでしょう。

②グローバル化が過度に加わっていない

出雲には、グローバル化は十分浸透していません。やはり出雲は「田舎」で、県内を新幹線は通らないし、今後通る予定もありません。町内会もまだ残っているし、地域の活動もそれなりに残っています。良い意味で開発が進んでいない、古い大事なものが残っているということです。

日本の中には、町内会の活動も含め日ごろの付き合い関係を好ましいと思い、メリットを感じる方々が一定の割合で存在します。そうした方々にとっては、競争社会であるグローバル化が進行している地域は住みにくいと感じることでしょう。過度のグローバル化が進んでいない出雲は、そういう方々に最適でしょう。

一方、グローバル化に適応しその地で活躍している方々でも、心身を休める必要から、時々はグローバル化の対極地域に行きたいと考えることはあるでしょう。そういう方々にとっても、出雲は快適な地域となる可能性が高いのです。

5—3　未来ワンダーランドとしての可能性

ここで、出雲の未来への可能性について考えてみましょう。

生き残るためには、まず物質的に自給自足が可能であることです。出雲には畑、田は十分にあります。現在は残念ながら休耕地もあちこちで目立っています。ということは、必要最小限の食について自給自足のポテンシャルがあると考えられます。水資源についても、日本酒のところでもふれましたが、きれいな水にはおいしい事欠きません。

▼Uターンの受け皿活動が組織的に実施

また、「グローバル化した文化は合わない」と感じている方々の受け皿となりうるためには、各市町村でUターン、Iターンの受け皿活動が組織的に実施されていることも必要です。子供に対する十分なケア、高齢者への必要な対応がなされていることも必要条件です。

そこで、最近の出雲の行政の動きのなかで、興味深いものを少し紹介します。

今、島根（出雲）で行なわれているＵＩターンの活動として、公的なものには「公益財団法人ふるさと島根定住財団」があります。仕事をさがす、農業・林業・漁業の体験、地域づくりの体験、生活の体験、家の確保まで、いろいろなプログラムを提供し、親身になって面倒を見てくれます。各市役所、町役場にそのサポートを担当する人がいて、面倒を見てくれるということです。安心ですね。このような整った仕組みは、日本の中でも最も進んでいると思います。

具体的には、インターネット上の「しまねＵＩターン総合サイト」に詳細が載っています。

出雲の農村部には農村部のよさが、出雲の都市部は都市部のよさがあります。他の地域にはない特長がありますので、自分にあった場所が探せると思います。

▼未来ワンダーランドへの新たな動きとは

「未来のワンダーランド」としての出雲は、いくつかの新たな動きを進めています。

県として進めているのは、「小さな拠点づくり」と、社会（地域）教育、学校教育と家庭教育を3本柱とした「志を果たしに還る人づくり」です（島根県庁しまね暮らし推進課　調整監の新田誠さんによる）。

この「小さな拠点づくり」を体現し、住みやすいまちづくりという観点では、雲南市が先頭になって進めている「小規模多機能自治による住民主体のまちづくり」という活動が注目されます。雲南市地域振興課主査の板持周治さんによると、その活動は次のようになります。

「まちづくりの原点は、主役である市民が、自らの責任により、主体的に関わること」にあります。市民と行政の関係が、垂直的関係（統治的）から水平関係（協働）になります。市民はまちづくりのパートナーという位置付けです。さらに「協働のまちづくり」という理念で、「住民自治」の実現をすすめているとのこと。概ね（小）学校区域で、あらゆる組織が結集して（組織化して）、地域課題を自ら解決する活動をおこないます。これにより、地域活動が大きく変わり、活発化したそうです。

現在、出雲（島根県全体）の市町村が全部会員となって「推進ネットワーク会議」を設け、全国的な活動に向け展開中とのこと。大変有意義な活動だと思います。

このように「出雲未来ワンダーランド」は少しずつ動き出しています。

あとがき

最後に、２０１５年経済産業省発表の全国市町村の暮らしやすさランキングについて触れます。この内容は、全国１７４７市町村を調査し、①金銭的な面（賃金、農林水産業収入、家計支出）と、②非金銭的な面（働きやすさ、医療・福祉、災害、自然環境など）を貨幣価値にして評価したものです。出雲は、全国的には①金銭的な面では下位に甘んじていますが、②非金銭的な面、暮らしやすさでは全国10位以内に４市が入っています。特に、松江市は全国１位（１７４１市町村の中で）で、出雲市、安来市、雲南市も10位以内に入っています。すごいことです。ランクインこそしていませんが、本書で示したように奥出雲町、飯南町も、特長を持った住みやすい町です（設定条件：30歳代、郊外・農村志向、夫婦と子供［小中高校生］）。

このような「対極の地域」が日本に存在することは、グローバル化に対して、日本のなかに強力な「リリーフ」が用意してあるということだと考えます。出雲がもっともっと必要とされる時代が近い将来でてくると思います。

これらのことから、「歴史のワンダーランド」である出雲は、日本の中でグローバルな世界における対極の地「未来のワンダーランド」となりうる可能性が高い、と自信をもって言うことができます。

本書をまとめるにあたって、島根県出雲地方の多くの方々、また出雲出身で全国で活躍されている方々に、いろいろなヒントをいただき、神話・歴史に関する数多くの示唆に富んだお話をうかがうことができました。

また、島根県庁の産学官連携グループの門城英樹さん、芦矢嘉郎さんに大変御世話になりました。出雲部の定住、UIターン関連では、各市町で活躍されている方々に、未来への展開に対する参考となるお話をうかがいました。それらの地域に興味のある方は次のかたがたに連絡を取られてはいかがですか。きっと参考になります（以下　敬称略）

・松江市　定住企業立地推進課　淺野祐子、川上雅治
・出雲市　縁結び定住課　三加茂順子、嘉本美智子
・安来市　定住企画課　坂根丈
・雲南市　うんなん暮らし推進課　江角祐哉、安部真美
・奥出雲町　地域振興課　三成由美
・飯南町　地域振興課　大江基博、岡本光世

また、お名前を出させていただいた方々以外にも、例えば筆者の出雲高校時代の同級生（17期と19期）の友人達などの他、多数の方にお話をうかがいました。ありがとうございました。

最後になりましたが、各県の逆襲シリーズを継続的に企画実行されている、本書の出版元、言視舎の杉山尚次さんには心より感謝申し上げます。『島根の逆襲』のときもそうでしたが、今回も全般にわたる励ましとアドバイスをいただきました。

参考文献

加藤義成著『出雲国風土記』今井書店、１９６５年12月
速水保孝著『出雲―ヘルンの見た神々の国』山陰郷土文化研究所、１９７５年10月
松前健著『出雲神話』講談社現代新書、１９７６年７月
黒岩俊郎著『たたら　日本古来の製鉄技術』玉川選書、１９７６年11月
吉田大洋著『謎の出雲帝国』徳間書店、１９８０年５月
速水保孝著『出雲祭事記』講談社、１９８０年６月
松本清張編『古代出雲王権は存在したか』山陰中央新報社、１９８５年５月
速水保孝著『出雲古代史を行く　原出雲王権は存在した』山陰中央新報社、１９８５年９月
山内登貴夫著『和鋼風土記　出雲のたたら師』玉川選書、１９８７年８月
坂本太郎著『菅原道真』吉川弘文館、１９９０年１月
島根県斐川町著『荒神谷遺跡の謎ブックレット③　銅剣３５８本はどこで作られたのか』島根県斐川町、１９９１年12月
谷川健一著『青銅の神の足跡』小学館、１９９５年４月
和久利康一著『古代出雲と神楽』新泉社、１９９６年７月
谷川健一著『日本の地名』岩波新書、１９９７年４月

真弓忠常著『古代の鉄と神々　改訂新版』学生社、1997年10月
谷川健一著『出雲の神々』平凡社、1997年11月
谷川健一編『金属と地名』三一書房、1998年5月
荻原千鶴著『出雲国風土記　全訳注』講談社学術文庫、1999年6月
谷川健一著『日本の神々』岩波新書、1999年6月
嘉本安夫『古代出雲　出雲神話の元・基を探る』嘉本安夫、2000年10月
関和彦著『新・古代出雲史』藤原書店、2001年1月
原武史著『出雲という思想　近代日本の封印された神々』、講談社学術文庫、2001年10月
勝部昭著『出雲風土記と古代遺跡（日本史リブレット13）』山川出版社、2002年5月
加藤貞仁、鐙啓記著『北前船　寄港地と交易の物語』無明舎出版、2002年10月
窪田蔵郎著『鉄から読む日本の歴史』講談社学術文庫、2003年3月
池野誠著『小泉八雲と松江時代』沖積舎、2004年9月
島根県教育員会編『ふるさと読本「いずも神話」』島根県教育庁、2005年3月
松尾寿・田中義昭・渡辺貞幸・大日向克己・井上寛司・竹永三男　著『島根県の歴史』（株）山川出版社、2005年4月
関和彦著『古代出雲への旅　幕末の旅日記から原風景を読む』中公新書、2005年6月
錦織愛子著『地酒で乾杯　島根・楽酔の世界を遊ぶ』ワン・ライン、2005年6月

山内道雄著『離島発　生き残るための10の戦略』生活人新書、2007年6月
山口佳紀・神野志隆光　著　『日本の古典を読む　古事記』（株）小学館、2007年7月
村上隆著『金・銀・銅の日本史』岩波新書、2007年7月
藤岡大拙著『今、出雲がおもしろい』NPO法人出雲学研究所、2007年11月
保高英児著『日本列島に映える古代出雲紀行』明石書店、2008年2月
牧尾実著『隠岐共和国ふたたび』論創社、2008年9月
羽原清雅著『「津和野」を生きる―400年の歴史と人びと』文藝春秋企画出版部、2009年2月
藤間亨著『出雲市民文庫19　格式と伝統　出雲の御本陣』出雲市　2009年3月
島根県立古代出雲歴史博物館編『どすこい　出雲と相撲―』ハーベスト出版、2009年7月
関裕二著『古代史謎めぐりの旅：出雲・九州・東北・奈良編』ブックマン社、2009年9月
松尾寿、田中義昭ほか　著『島根県の歴史　第2版』山川出版社、2010年1月
島根県立古代出雲歴史博物館編『島根の神楽―芸能と祭儀―』日本写真出版、2010年2月
藤岡大拙著『神々と歩く出雲神話』NPO法人出雲学研究所刊、2010年3月
関裕二著『海峡を往還する神々　解き明かされた天皇家のルーツ』PHP文庫、2010年3月
山崎謙著『大和朝廷に封印されたまぼろしの出雲王国』PHP研究所、2010年3月
梅原猛著『葬られた王朝・古代出雲の謎を解く』新潮社、2010年4月

島根県文学館推進協議会編『人物しまね文学館』山陰中央新報社、2010年5月
古代出雲王国研究会著『山陰の古事記謎解き旅ガイド』今井出版、2010年9月
三館合同企画展「本陣被被付」展実行委員会 編集・発行『本陣被仰付』平成22年10月9日
松谷明彦著『人口減少時代の大都市経済』東洋経済新報社、2010年11月
（社）松江観光協会編『松江特集』（社）松江観光協会、2011年2月
出雲市編『史跡田儀櫻井家たたら製鉄遺跡 総合ガイドブック ～この一冊で田儀櫻井家が分かる！～』出雲市、2011年3月
川島芙美子、関和彦ほか著『山陰の神々古社を訪ねて』山陰の神々刊行会、2011年6月
寺井敏夫著『出雲古代史・考 須佐之男一族』山陰文芸協会、2011年11月
多羅尾整治著『古事記外伝―出雲・クロニカル―』幻冬舎ルネッサンス、2011年11月
長野忠ほか著『奥出雲からの挑戦』文芸春秋企画出版部、2012年1月
平野高司著『神話の聖地 出雲』高速道路交流推進財団、2012年3月
本間恵美子監修『図説 松江・安来の歴史』2012年3月
玉沖仁美著『地域をプロデュースする仕事』英治出版株式会社、2012年10月
村井康彦著『出雲と大和』岩波新書、2013年1月
雑賀公民館企画・編集・発行『雑賀の碑』平成25年1月
三田誠広著『菅原道真 見果てぬ夢』河出書房新社、2013年2月

坂本政道著『出雲王朝の隠された秘密』ハート出版、2013年6月
武光誠著『出雲王国の正体』PHP研究所、2013年4月
久能木紀子著『出雲大社の巨大な注連縄はなぜ逆向きなのか』実業の日本、2013年9月
石原美和著『しまね酒楽探訪』今井出版、2013年10月
三浦佑之責任編集『出雲　古事記、風土記、遷宮・よみがえる神話世界』現代思想、青土社、
2013年12月号
瀧音能之著『出雲大社の謎』朝日新書、2014年11月
関和彦監修『島根半島四十二浦巡りの旅』島根半島四十二浦巡り再発見研究会、2015年3月
斎藤成也著『日本列島人の歴史』岩波ジュニア新書、2015年8月
米原正義著『出雲尼子一族』（株）吉川弘文館、2015年8月
田中輝美・法政大学社会学部メディア社会学科藤代裕之研究室　著『地域ではたらく「風の人」
という新しい選択』ハーベスト出版、2015年8月
山陰中央新報社スタッフ　森田一平、片山大輔　著『石神さんを訪ねて　出雲の巨石信仰』山陰
中央新報社　2015年12月
『一畑電気鉄道百年史』一畑グループ100周年事業実行委員会　社史編纂委員会
平成28年2月
松本直樹著『神話で読み解く古代日本』ちくま新書、2016年6月

今日と明日の三瓶を創る会　編　『三瓶ゆめガイド』パンフレット
木綿街道振興会編　『雲州平田　木綿街道の町家と町並み』パンフレット
島根県奥出雲町教育委員会　『炎舞う奥出雲のたたら景観』パンフレット

[著者紹介]
出川　卓（でがわ・たかし）

郷土未来史家。1948年出雲市生まれ、大学卒業（機械工学専攻）後、㈱日立製作所入社。設計技師を経て米国子会社に勤務（デトロイトに在住2年）。その後、約20カ国の海外子会社、顧客などを訪問。定年退職後島根と東京の二重生活。

出川　通（でがわ・とおる）

㈱テクノ・インテグレーション代表取締役。1950年出雲市生まれ、大学卒業（金属材料工学専攻）後、三井造船㈱入社。研究開発者を経てバンクーバーとボストンに滞在。2004年に現在の会社を立ち上げる。島根大学客員教授、日本酒唎酒師、温泉マイスター。東京在住。
degawa@tachno-ig.com

装丁………山田英春
DTP制作………REN
編集協力………田中はるか

出雲 歴史ワンダーランド

発行日❖2016年11月30日　初版第1刷

著者
出川卓＋出川通

発行者
杉山尚次

発行所
株式会社言視舎
東京都千代田区富士見2-2-2　〒102-0071
電話03-3234-5997　FAX 03-3234-5957
http://www.s-pn.jp/

印刷・製本
モリモト印刷（株）

ISBN978-4-86565-067-9 C0036

言視舎刊行の関連書

978-4-86565-064-8

[増補・改訂版]

島根の逆襲

古代と未来をむすぶ「隠れ未来里」構想

島根がおかれた困ったこと、マイナスと思われていることを新たな価値に反転させる発想の本です。島根は神話の里、パワースポットとして「隠れ里」の魅力にあふれています。古代から続く先端技術の蓄積も十分。長寿の「国」としての試みも。

出川卓・出川通 著　四六判・並製　定価 1600 円+税

978-4-86565-013-6

75歳まで働き愉しむ方法

「自分ロードマップ」で未来がみえてくる

年金危機時代、ビジネスマンが組織を「卒業」することを前提に、75歳まで働き愉しむ戦略を提案。どうすれば可能か、どういう準備が必要か、収入面もきちんと解説。その実現には未来の設計図＝ロードマップが役立ちます。

出川通 著　A5判・並製　定価 1300 円+税

978-4-86565-008-2

MANGA　源内

イノベーター平賀源内の肖像

発見家、発明家、エンジニア、起業家、ネットワーカー…イノベーターとしての源内をマンガで解説。平賀源内の発想法・生き方が現在の日本と日本人を元気にする。学生、社会人へのヒント・方法満載。エピソードや地図も！

出川通 著　A5判・並製　定価 1200 円+税

978-4-905369-42-4

平賀源内に学ぶ イノベーターになる方法

起業、新商品開発、新プロジェクトやアライアンスなど、新しいことがしたくなったら読む本。学者、発見家、発明家、エンジニア、起業家、ネットワーカー……改革者として源内がなしたことを検証し、現在に生かすヒント・方法を導き出す。

出川通 著　四六判・並製　定価 1500 円+税

978-4-905369-43-1

理系人生 自己実現ロードマップ読本

改訂版「理科少年」が仕事を変える、会社を救う

「専門家」「技術者」というだけでは、食べていけない時代に突入！ あらゆる領域でイノベーションが求められている。
自分の仕事と組織をイノベートするには「ロードマップ」の発想と「理科少年・少女」のわくわく感が最も有効。

出川通 著　四六判・並製　定価 1600 円+税

有志舎 出版図書目録

2016.4

ご 挨 拶

本年度の出版目録をここにお届けさせていただきます。弊社は、2006 年より本格的に出版事業を開始し、現在で 11 年目を迎えました。

この出版不況はいっこうに出口が見えませんが、それでも無骨に学術書出版一筋で頑張っていきたいと思います。

また、弊社の社名の由来は、つねに志をもって出版を行なっていくこと、そしてその志とは、「知」の力で地球上から戦争を無くしていきたいというものです。
もとより、これは簡単なことではないことは分かっています。しかし、出版業というものは単なるビジネスではなく、理想を追い求める「志の業」でもあると私は信じています。

ですから、これからも理想を掲げ、良質の学術成果を読者の皆さんにお届けできるよう鋭意努力して参りたく念願しております

この方針に則り、小社は近現代史を中心に、人文・社会科学に関する学術出版を行なって参ります。

まだまだ未熟ではございますが、新しい知の風を多くの方に届けられるよう全力を尽くして参りますので、引き続きご支援・ご鞭撻のほど、どうぞよろしくお願い申し上げます。

2016 年 4 月

有 志 舎

代表取締役 **永 滝 稔**

東アジア発、新しい「知」の創出に向けて！
比較史の視点から、近現代100年にわたる思想の歩みを再考する。

講座
東アジアの知識人
全5巻　全巻完結！

〈編集委員〉
趙景達・原田敬一・村田雄二郎・安田常雄

〈全巻の構成〉

第1巻　**文明と伝統社会**　―19世紀中葉～日清戦争―
370頁　ISBN978-4-903426-75-4

第2巻　**近代国家の形成**　―日清戦争～韓国併合・辛亥革命―
370頁　ISBN978-4-903426-77-8

第3巻　**「社会」の発見と変容**　―韓国併合～満洲事変―
380頁　ISBN978-4-903426-79-2

第4巻　**戦争と向き合って**　―満洲事変～日本敗戦―
400頁　ISBN978-4-903426-81-5

第5巻　**さまざまな戦後**　―日本敗戦～1950年代―
430頁　ISBN978-4-903426-84-6

各3600円（税別）　【内容案内送呈】

異教徒から異人種へ

井村行子［著］

―ヨーロッパにとっての中東とユダヤ人―

2200円（税別）
四六判・並製・カバー装・190頁
ISBN978-4-903426-11-2

「他者」はどのようにして創られるのか！
中世ヨーロッパの「異教徒」観から、反セム主義（反ユダヤ主義）の登場までを明らかにする。

イラン現代史 ―従属と抵抗の100年―

吉村慎太郎［著］

2400円（税別）
四六判・上製・カバー装・240頁
ISBN978-4-903426-41-9

欧米列強の脅威にさらされ続けてきた激動の100年史。「イスラム原理主義国家」というイメージ先行の理解と異なる、この国の本当の姿と歴史のダイナミズムを描き出す。

英雄になった母親戦士

京樂真帆子［著］

―ベトナム戦争と戦後顕彰―

2800円（税別）
四六判・上製・カバー装・310頁
ISBN978-4-903426-88-4

ベトナム戦争では、母もまた共に戦った！　戦士たる母への顕彰の問題を通して、性別役割分業観にとらわれることなく、戦争とジェンダーとの関係性を再考する。

沖縄の復帰運動と保革対立

櫻澤　誠［著］

―沖縄地域社会の変容―

6000円（税別）
Ａ５判・上製・カバー装・288頁
ISBN978-4-903426-50-1

「保守／革新」「復帰／独立」の分節化は沖縄の地域と住民に何をもたらしたのか。今も続く沖縄社会の保革対立が形作られた過程を明らかにする。

小野梓と自由民権

勝田政治［著］

2600円（税別）
四六判・上製・カバー装・280頁
ISBN978-4-903426-34-1

日本に立憲政を根付かせようとした熱き男の生涯を描き、近代日本の歴史の中で失われた「もうひとつの日本の在り方」を考える。

オープンスカイ・ディプロマシー

高田馨里［著］

―アメリカ軍事民間航空外交　1938～1946年―

5000円（税別）
Ａ５判・上製・カバー装・280頁
ISBN978-4-903426-44-0

真珠湾攻撃、「航空大国アメリカ」誕生から冷戦へ。戦時・戦後世界の空をめぐる攻防を描く、新しい国際関係史。

開国期徳川幕府の政治と外交

後藤敦史［著］

6200円（税別）

A5判・上製・カバー装・340頁

ISBN978-4-903426-91-4

「鎖国から開国へ」という予定調和な歴史叙述を克服！明治維新にいたる歴史を考察する上で重要な開国の〈経緯〉を、従来は見落とされていた視点からたどり、新たな幕末維新史を描き出す。

きのうの日本 ―近代社会と忘却された未来―

鵜飼政志・川口暁弘［編］

3200円（税別）

A5判・上製・カバー装・220頁

ISBN978-4-903426-61-7

明治維新から、第2次大戦後の1950年代まで――かつて確かに存在しながら、やがて消え去っていった理想や夢。忘却された歴史から現在を考える。

近世・近代における文書行政

小名康之［編］

―その比較史的研究―

2800円（税別）

A5判・上製・カバー装・245頁

ISBN978-4-903426-55-6

近世から近代にかけて、世界の諸地域ではどのように文書行政が展開されていったのか。日本・インド・トルコ・メキシコの比較により、それぞれの地域の文書行政の実態を明らかにする。

近現代部落史 ―再編される差別の構造―

黒川みどり・藤野　豊［編］

2800円（税別）

A5判・並製・カバー装・280頁

ISBN978-4-903426-24-2

被差別部落の存在を無視した日本史像はありえない！「部落史」のオルタナティヴをめざす新たな挑戦。

近代日朝関係史

趙景達［編］

3400円（税別）

A5判・並製・カバー装・390頁

ISBN978-4-903426-62-4

新しい通史の誕生！　これまでのような一国史同士の叙述や政治・外交ゲームのような日朝関係史を乗り越え、両国の社会に底流する深い歴史的文脈の関係性を重視した新世代の歴史書。

近代日本の形成と租税

近代租税史研究会［編］

【近代租税史論集1】

5000円（税別）

A5判・上製・カバー装・288頁

ISBN978-4-903426-16-7

「租税国家」として明治国家を位置づけ直す挑戦の第一弾。近代国家の形成にとって租税とはいかなる意味を持ったのか？

近代日本の宗教概念 －宗教者の言葉と近代－

星野靖二［著］

6400円（税別）

Ａ５判・上製・カバー装・320頁

ISBN978-4-903426-53-2

「宗教」とは歴史的に変わらないものなのか？翻訳語として近代日本に新たに登場した「宗教」をめぐって、その概念の展開を宗教者の言葉を追うことによって明らかにする。

近代日本の租税と行財政

近代租税史研究会［編］

【近代租税史論集２】

6200円（税別）

Ａ５判・上製・カバー装・260頁

ISBN978-4-903426-86-0

近代の課税や徴収の仕組みは、どのような納税者との関係のなかから作られてきたのか。財政や行政制度と租税の関係を見直し、近代租税史の多様で新しい様相を描き出す。

グローバル化のなかの近代日本

小風秀雅・季武嘉也［編］

－基軸と展開－

6600円（税別）

Ａ５判・上製・カバー装・400頁

ISBN978-4-903426-93-8

グローバリゼーション下で展開された日本の近代化。「日本」という存在を自明の前提とせず、世界という地平のなかに日本の近代を位置づけ直す。

現代「生活者」論 —つながる力を育てる社会へ—

天野正子［著］

2600円（税別）

四六判・上製・カバー装・320頁

ISBN978-4-903426-65-5

他人まかせにしない、できることは自分で、一人でできないことは他者と支えあって。現代日本の歴史経験のなかで登場してきた「生活者」の実践をとらえ直し、新しい共同性・公共性の回路を見通す試み。

皇国日本のデモクラシー —個人創造の思想史—

住友陽文［著］

5400円（税別）

Ａ５判・上製・カバー装・320頁

ISBN978-4-903426-45-7

日本のデモクラシー思想は、なぜ「皇国」を立ち上げたのか？ナショナリズムに潜む私欲を乗り超え、社会を担う「個人」を求める思想の分析から、そのモメントをあきらかにする。

国民国家の比較史 ユーラシアと日本 —交流と表象—

久留島浩・趙景達［編］

【人間文化叢書】

6600円（税別）

Ａ５判・上製・カバー装・480頁

ISBN978-4-903426-32-7

グローバリゼーションがもたらしつつある国民国家の再活性化のなか、その同質性よりも差異性に注目し、国民国家をめぐる新たな議論を提起。

近衛新体制の思想と政治

源川真希［著］

—自由主義克服の時代—

4600円（税別）
A5判・上製・カバー装・230頁
ISBN978-4-903426-28-0

かつて、われわれはデモクラシー再生の劇薬を使ってしまった…。デモクラシーを再生させようとする試みは，なぜ近衛新体制に帰結したのか？激動の昭和戦前期における錯綜した思想状況を解きほぐす。

自他認識の思想史

桂島宣弘［著］

—日本ナショナリズムの生成と東アジア—

3200円（税別）
A5判・上製・カバー装・220頁
ISBN978-4-903426-17-4

およそ、あらゆる自己認識は他者表象の産物である。東アジアに向き合うなかから、日本ナショナリズムの生成を問う！

シベリア抑留と戦後日本 —帰還者たちの闘い—

長澤淑夫［著］

2400円（税別）
四六判・上製・カバー装・230頁
ISBN978-4-903426-49-5

戦後日本はなぜシベリア抑留者の補償を拒否し続けたのか?国会で否定され裁判で何度敗れても、不屈の闘志で運動を続け、ついに補償を実現した抑留者たちの戦後史。

ジープと砂塵 —米軍占領下沖縄の政治社会と東アジア冷戦 1945－1950—

【フロンティア現代史】

若林千代［著］

4800円（税別）
A5判・上製・カバー装・300頁
ISBN978-4-903426-99-0

戦後沖縄の原点に眼をこらす！　米軍占領下にあっても、沖縄は「民主」と「自治」を志向し続けた。東アジア冷戦のもとで、独自の政治空間を作り上げた沖縄とそこに生きる人びとの姿を描き出す。

主権不在の帝国 —憲法と法外なるものをめぐる歴史学—

林　尚之［著］

5800円（税別）
A5判・上製・カバー装・270頁
ISBN978-4-903426-66-2

帝国憲法体制と日本国憲法体制とは、いかなる連続性を内在させていたのか？主権をめぐる〈逆説〉から、新たな思考を提起する。

植民地期朝鮮の知識人と民衆

趙 景 達［著］

—植民地近代性論批判—

5400円（税別）
A5判・上製・カバー装・324頁
ISBN978-4-903426-19-8

知識人世界と民衆世界の差異と亀裂！　日本支配下の朝鮮は、果たして植民地権力のヘゲモニーのもとで“近代”を内面化し得た社会だったのか？

仁政イデオロギーとアイヌ統治

檜皮瑞樹［著］

5800円（税別）

A5判・上製・カバー装・280頁

ISBN978-4-903426-80-8

「華夷主義」から「同化主義」へ。
19世紀における、蝦夷地・アイヌ統治政策と仁政イデオロギーとの関係を明らかにする。

精神の歴史 ―近代日本における二つの言語論―

田中希生［著］

5600円（税別）

A5判・上製・カバー装・390頁

ISBN978-4-903426-25-9

狂気と理性が裁断されえなかった近代日本という時空。そのなかに現在とは全く異質の《精神》を見出す新しい思想史！

戦後日本と戦争死者慰霊 ―シズメとフルイのダイナミズム―

西村　明［著］

［2007年度国際宗教研究所賞受賞］

5000円（税別）

A5判・上製・カバー装・256頁

ISBN978-4-903426-06-8

慰霊とは何なのか。そして何でありうるのか。戦後日本の長崎原爆慰霊を通して、死者への向き合い方を問う。死者と生者の宗教学！

戦時期朝鮮の転向者たち

―帝国／植民地の統合と亀裂―

洪 宗 郁［著］

5400円（税別）

A5判・上製・カバー装・264頁

ISBN978-4-903426-38-9

植民地知識人の主体化と帝国秩序の論理。抵抗と読み替えの相克から戦時下朝鮮の思想史を再考する。

先住民と国民国家 ―中央アメリカのグローバルヒストリー―

小澤卓也［著］

【国際社会と現代史】

2400円（税別）

四六判・上製・カバー装・240頁

ISBN978-4-903426-07-5

「敗者」は勝利をもたらすか？　サンディニスタ、サパティスタ、そしてチャベスへ…。国民国家に抑圧されつづけてきた先住民からの問いかけ。

戦争・災害と近代東アジアの民衆宗教

武内房司［編］

6600円（税別）

A5判・上製・カバー装・320頁

ISBN978-4-903426-82-2

同善社・世界紅卍字会・カオダイ教……。
動乱の近代東アジアで登場した「越境」する民衆宗教の姿を明らかにする。

占領期・占領空間と戦争の記憶

長 志珠絵［著］

【フロンティア現代史】

4800円（税別）
Ａ５判・上製・カバー装・380頁
ISBN978-4-903426-73-0

戦争と記憶をめぐるポリティクス。東アジアの冷戦という時代状況を意識しつつ、戦後日本の「戦争記憶」形成のあり方を問い直す。

脱帝国のフェミニズムを求めて

宋 連 玉［著］

―朝鮮女性と植民地主義―

2400円（税別）
四六判・上製・カバー装・270頁
ISBN978-4-903426-27-3

脱植民地主義のフェミニズムとは何か！ 饒舌な「帝国のフェミニズム」にかき消された女性たちの声を聴く。

田中角栄と自民党政治 ―列島改造への道―

下村太一［著］

2400円（税別）
四六判・上製・カバー装・265頁
ISBN978-4-903426-47-1

田中角栄の政治指導と、保守政治再生の政策・戦略とはどのようなものだったのか。その政治手法に着目して、田中角栄の実像に迫った新しい政治史。

中国国境地域の移動と交流

塚田誠之［編］

―近現代中国の南と北―

5200円（税別）
Ａ５判・上製・カバー装・370頁
ISBN978-4-903426-31-0

中国国境地域に生きる諸民族の姿から、移動と交流の実態を明らかにする。
【人間文化叢書】ユーラシアと日本 ―交流と表象―

中国抗日軍事史 1937-1945

菊池一隆［著］

2800円（税別）
四六判・上製・カバー装・400頁
ISBN978-4-903426-21-1

中国現代史から多角的に描く、本格的な日中戦争通史。弱国・中国は強国・日本をいかにして破ったのか。

創られた「人種」―部落差別と人種主義《レイシズム》―

黒川みどり［著］

2600円（税別）
四六判・上製・カバー装・280頁
ISBN978-4-908672-01-9

幕末・明治の言説から現代における中上健次の文学まで。糾弾だけではなく、もう終わったことでもなく、今ここにある差別として人種主義から部落問題を考える。

帝国に抗する社会運動

黒川伊織［編］

—第一次日本共産党の思想と運動—

6000円（税別）
A5判・上製・カバー装・336頁
ISBN978-4-903426-90-7

共産党創成期の歴史を神話から解放する、東アジア社会運動史の問題作。

帝国日本の「開発」と植民地台湾

清水美里［著］

—台湾の嘉南大圳と日月潭発電所—

6600円（税別）
A5判・上製・カバー装・320頁
ISBN978-4-903426-97-6

これまで、功罪ばかりが論じられてきた植民地におけるインフラ開発の実態を詳細に調査・分析。台湾現地社会とそこに生きた人びとの姿にまで迫り、真の意味での「植民地的開発とは何か」を論じる

帝国の思考 —日本「帝国」と台湾原住民—

松田京子［著］

4800円（税別）
A5判・上製・カバー装・280頁
ISBN978-4-903426-83-9

日本「帝国」最初の本格的な植民地である台湾。そこでマイノリティであった台湾原住民をめぐる表象と学知から植民地主義の思考に迫る。

東亜聯盟運動と朝鮮・朝鮮人

松田利彦［著］

—日中戦争期における植民地帝国日本の断面—

5000円（税別）
A5判・上製・カバー装・240頁
ISBN978-4-903426-95-2

石原莞爾が主唱し、植民地朝鮮の問題にも深くコミットした東亜聯盟運動。戦時下における一つの思想的実験を朝鮮・朝鮮人との関わりから読み解く。

同時代史としてのベトナム戦争

吉沢　南［著］

2600円（税別）
四六判・上製・カバー装・250頁
ISBN978-4-903426-30-3

ベトナム戦争とは何だったのか？ 60～70年代の反戦運動とは何だったのか？「現代史」ではなく、「同時代史」を提唱し、民衆の視点からベトナム戦争とその時代を考える。

トウモロコシの先住民とコーヒーの国民

中田英樹［著］

—人類学が書きえなかった「未開」社会—

2800円（税別）
四六判・上製・カバー装・308頁
ISBN978-4-903426-70-9

人類学は「未開」社会に何を「発見」してきたのか？　多文化共生というものが孕む問題を先住民社会の中から描き出す。

盗賊のインド史 －帝国・国家・無法者《アウトロー》－

竹中千春［著］

［2011年　大平正芳記念賞受賞］

2600円（税別）
四六判・上製・カバー装・360頁
ISBN978-4-903426-36-5

盗賊や武装勢力とは何者なのか？彼らはなぜ戦うのか？「盗賊の女王」プーラン・デーヴィーはじめ、近現代インドを席巻したアウトローたちの世界に分け入り、その真の姿を描き出す。

遠野のいまと昔 ―もうひとつの『遠野物語』を歩いて―

金原左門［著］

2400円（税別）
四六判・上製・カバー装・196頁
ISBN978-4-903426-96-9

『遠野物語』を「いま」に生かす試み！

柳田国男によって100年以上前に書かれた『遠野物語』を、歴史学者が東日本大震災後の現在において読み解いていく。

都市と暴動の民衆史 ―東京・1905-1923年―

藤野裕子［著］

3600円（税別）
Ａ５判・上製・カバー装・320頁
ISBN978-4-903426-98-3

20世紀初頭、民主化のなかで湧き上がった民衆の暴力は、独自の論理と文化をもちながら、やがて排外主義とファシズムへの地ならしとなっていった。名も無き民衆の姿に注目しつつ、新しい歴史学の地平をここに切り拓く。

日韓民衆史研究の最前線 ―新しい民衆史を求めて―

アジア民衆史研究会・歴史問題研究所［編］

6400円（税別）
Ａ５判・上製・カバー装・400頁
ISBN978-4-903426-00-6

日韓の研究者による交流から生まれた民衆史研究の最前線！　多様な民衆を描き出し、新たな民衆史を提示する。

20世紀の戦争 ―その歴史的位相―

メトロポリタン史学会［編］

2600円（税別）
四六判・上製・カバー装・280頁
ISBN978-4-903426-59-4

戦争の時代は、まだ過ぎ去ろうとしない！
20世紀における様々な戦争の歴史から現代を問い直す。

日本近世社会と明治維新

高木不二［著］

5400円（税別）
Ａ５判・上製・カバー装・265頁
ISBN978-4-903426-20-4

マルク・ブロック（アナール派）に学びながら、幕末・維新史を描き直す。日本近世社会はいかにして近代へと転換していくのか！

日本占領とジェンダー —米軍・売買春と日本女性たち—

【フロンティア現代史】

平井和子［著］

4800円（税別）

A5判・上製・カバー装・260頁

ISBN978-4-903426-87-7

占領下、日米「合作」の性政策をジェンダー視点から問い直す！　兵士の性暴力は軍隊が生み出す構造的なものである事を明らかにし、それを支える女性同士の分断を乗り越える道筋を描き出す。

日本帝国と民衆意識

ひろたまさき［著］

2600円（税別）

四六判・上製・カバー装・300頁

ISBN978-4-903426-58-7

日本と世界は「帝国意識」を克服できるのか？

民衆思想史の歩みを自己点検しつつ、帝国意識と民衆との複雑な歴史的関係にメスを入れる。

幕末民衆の情報世界 —風説留《ふうせつどめ》が語るもの—

落合延孝［著］

2500円（税別）

四六判・上製・カバー装・220頁

ISBN978-4-903426-04-1

幕末はすでに情報社会だった！外国船来航、災害、戦争、一揆の蜂起。市井の情報人が残したユニークな記録から、幕末日本の姿を明らかにする“情報の社会史”。

東アジアの政治文化と近代

深谷克己［編］

2800円（税別）

A5判・並製・カバー装・280頁

ISBN978-4-903426-22-8

「ウエスタンインパクト」によって、東アジアは自己変革していった！　民間社会にまで浸透していた政治文化の視点から、東アジアの近代化を再考する。

東アジアの民族的世界

佐々木史郎・加藤雄三［編］

—境界地域における多文化的状況と相互認識—

5200円（税別）

A5判・上製・カバー装・312頁

ISBN978-4-903426-39-6

「日本」の南北に広がっていた民族的な世界。そこで人々はどう生きていたのか。

【人間文化叢書】ユーラシアと日本 —交流と表象—

武装親衛隊とジェノサイド

芝　健介［著］

—暴力装置のメタモルフォーゼ—

2400円（税別）

四六判・上製・カバー装・260頁

ISBN978-4-903426-14-3

「ヒトラーのボディーガード」から「絶滅のアルバイター」へ。武装ＳＳは、本当に栄光ある軍事組織だったのか？

プロイセンの国家・国民・地域

―19世紀前半のポーゼン州・ドイツ・ポーランド―

割田聖史［著］

6600円（税別）

Ａ５判・上製・カバー装・384頁

ISBN978-4-903426-52-5

これまでドイツ人とポーランド人の混住地ゆえの民族対立の場とされてきた地域を舞台に、国家と地域の関係・構造を問い直す。

兵士と軍夫の日清戦争

―戦場からの手紙をよむ―

大谷　正［著］

2300円（税別）

四六判・上製・カバー装・240頁

ISBN978-4-903426-02-5

いま、日清戦争が問い直されている！　出征から異国での戦闘、「他者」への視線、そして最初の植民地戦争へ。戦地から届いた兵士たちの声は何を語るのか。

兵士はどこへ行った

―軍用墓地と国民国家―

原田敬一［著］

2600円（税別）

四六判・上製・カバー装・330頁

ISBN978-4-903426-68-6

戦死者追悼のあり方は、本当に世界共通なのか？世界各地の「軍用墓地」調査を通して見えてくる様々な追悼の姿から、戦死者と国家・国民のあるべき関係をあらためて考える。

民族浄化・人道的介入・新しい冷戦

―冷戦後の国際政治―

塩川伸明［著］

2800円（税別）

Ａ５判・並製・カバー装・330頁

ISBN978-4-903426-40-2

マスコミが報道する「国際政治」の姿は真実なのか？正邪・善悪の二元論ではない、冷静な分析から新しい世界の見方を提示する。

明治維新史研究の今を問う

―新たな歴史像を求めて―

明治維新史学会［編］

3600円（税別）

Ａ５判・上製・カバー装・300頁

ISBN978-4-903426-43-3

明治維新とは何だったのか。この日本史上最大の変革の意味を、今、改めて考える。

明治維新史論へのアプローチ

―史学史・歴史理論の視点から―

佐々木寛司［著］

3800円（税別）

Ａ５判・上製・カバー装・280頁

ISBN978-4-903426-94-5

明治維新を問い直すことは、「日本の近代」の内実を問い直すことである。近代に理想的＝純粋培養的な社会など存在しないのだから。

明治維新の国際舞台

鵜飼政志［著］
2600円（税別）
四六判・上製・カバー装・320頁
ISBN978-4-903426-89-1

ペリー来航をめぐる国際関係から、1875～76年頃まで、明治維新の歴史を国際的視野から見直し、今も続く「国民の物語」という歴史像を解体する。

明治国家と雅楽 —伝統の近代化／国楽の創成—

塚原康子［著］
5200円（税別）
A5判・上製・カバー装・270頁
ISBN978-4-903426-29-7

【2009年度　田邉尚雄賞受賞】

近代日本音楽の創成！雅楽制度を改革し、西洋音楽を兼修して、伝統と近代とをつないだ人びとの実像を描く。

遊女の社会史 —島原・吉原の歴史から植民地「公娼」制まで—

今西　一［著］
2600円（税別）
四六判・上製・カバー装・280頁
ISBN978-4-903426-09-9

日本の「性的奴隷」制の歴史を、遊女・遊廓史から解明する。新しい解釈や新史料を使った、本格的な廓《くるわ》の歴史。

吉野作造の国際政治論 —もうひとつの大陸政策—

藤村一郎［著］
5200円（税別）
A5判・上製・カバー装・296頁
ISBN978-4-903426-51-8

大正デモクラシーをリードした吉野作造。彼の闘いは理解されてこなかった。近代日本のリベラリズムはアジアにいかなる希望を残したのか？

リベラリズムの中国

村田雄二郎［編］
6200円（税別）
A5判・上製・カバー装・352頁
ISBN978-4-903426-46-4

かつて中国には「自由」を求める揺るぎない潮流が存在していた。新しい中国近現代史を切り拓く共同研究の成果をここに提示。

私たちの中のアジアの戦争 —仏領インドシナの「日本人」—

吉沢　南［著］
2600円（税別）
四六判・上製・カバー装・274頁
ISBN978-4-903426-33-4

「アジアと日本にとって、あの戦争とは何だったのか」「日本人とは誰か」— 今、改めて考える、戦争体験のオーラルヒストリー。

目下品切　（価格は税別）

核兵器と日米関係 ―アメリカの核不拡散外交と日本の選択 1960―1976―
黒崎　輝［著］【2006 年度 サントリー学芸賞受賞】4800 円　A5 判・上製・320 頁　ISBN978-4-903426-01-7

移民・難民・外国人労働者と多文化共生 ―日本とドイツ / 歴史と現状―
増谷英樹［編］　2800 円　A5 判・並製・240 頁　ISBN978-4-903426-23-5

植民地朝鮮 / 帝国日本の文化連環 ―ナショナリズムと反復する植民地主義―
趙 寛 子［著］　4800 円　A5 判・上製・310 頁　ISBN978-4-903426-08-2

ボスニア内戦 ―グローバリゼーションとカオスの民族化―
佐原徹哉［著］　3200 円　四六判・上製・460 頁　ISBN978-4-903426-12-9

明治維新を考える
三谷　博［著］　2800 円　A5 判・並製・256 頁　ISBN978-4-903426-03-7

満洲国と日本の帝国支配
田中隆一［著］　5600 円　A5 判・上製・320 頁　ISBN978-4-903426-10-5

植民地朝鮮の警察と民衆世界 1894-1919 ―「近代」と「伝統」をめぐる政治文化―
愼 蒼 宇［著］　6200 円　A5 判・上製・363 頁　ISBN978-4-903426-18-1

「村の鎮守」と戦前日本 ―「国家神道」の地域社会史―
畔上直樹［著］　6200 円　A5 判・上製・368 頁　ISBN978-4-903426-26-6

イギリス帝国と帝国主義 ―比較と関係の視座―
木畑洋一［著］　2400 円　四六判・上製・カバー装・260 頁　ISBN978-4-903426-13-6

もうひとつの明治維新 ―幕末史の再検討―
家近良樹［編］　5000 円　A 5 判・上製・カバー装・270 頁　ISBN978-4-903426-05-1

明治維新と世界認識体系 ―幕末の徳川政権　信義と征夷のあいだ―
奈良勝司［著］　6400 円　A 5 判・上製・カバー装・360 頁　ISBN978-4-903426-35-8

戦時体験の記憶文化
滝澤民夫［著］　5600 円　A 5 判・上製・カバー装・330 頁　ISBN978-4-903426-15-0

＊今後の出版予定（書名は仮題）

地租改正と明治維新……………………………………佐々木寛司著
キューバ革命 1953 ～ 1959 年………………………河合恒生著
明治維新の政治と人物（明治維新史論集 1 ）……明治維新史学会編
田中正造論……………………………………………三浦顕一郎著
天皇墓の政治民俗学……………………………………岩田重則著
初期社会主義の地形学（トポグラフィー）………………梅森直之著
在日朝鮮人と「祖国」…………………………………小林知子著
戦後の教育経験…………………………………………大門正克著

＊書店様へ

●当社の契約取次店は、

トーハン（取引コード　８６２０）

JRC（人文・社会科学書流通センター）

八木書店

です。

トーハン　電話：03-3269-6111（代）

JRC（人文・社会科学書流通センター）
電話：03-5283-2230　FAX：03-3294-2177
メール：info@jrc-book.com

八木書店
電話：03-3291-2968　FAX：03-3291-2962
メール：dist@books-yagi.co.jp

＊また、お客様からのご注文には柔軟に対応しております。
弊社へ直接ご注文ください。
在庫品は日販・大阪屋含め、どの取次店経由でも出荷できます。

＊ JRC の場合は、JRC →日教販→貴店帳合の取次店、のルートで送品いたします。また、八木書店の場合は、八木書店→貴店帳合の取次店、のルートとなります。
いずれも、貴店帳合取次店への搬入は、受注日から２～３営業日後となります。
なお、直接、JRC・八木書店までご注文いただいても構いません。

＊また、新刊の刊行ごとに、その案内（注文書付き）を送ってほしいという場合は、その旨ご用命ください。
FAX にて送信させていただきます。

有志舎　担当：永滝（ながたき）
電話　03-3511-6085　　FAX　03-3511-8484
メール　yushisha@fork.ocn.ne.jp

＊読者の皆様へ（書籍のご購入にあたって）

●小社の出版物は、最寄りの書店でお求めになれます。店頭に見当らない場合は、書店にご注文ください。どの書店からでもご注文可能です。

●書店でご注文できなかった場合は、直送のご注文も承っております。お手数ですがＦＡＸ、または電子メールにて小社宛てお申し込みください。１冊であれば、原則として郵便局の「ゆうメール」でお送りしますので、送料は１冊 350 円です（ただし本の厚さによって変わります）。発送から到着まで３～４日かかりますのでご了承下さい。

●ゆうメールは、ご家庭のポストへ届けさせていただくもので、原則として受け取りのサインは必要はなく、ご不在時でも荷物が届きます。ただし、ポストに入らなかった場合は不在連絡票が入ります。到着日・曜日などの指定はできません。ご了承願います。

●商品と一緒に、納品書兼請求書・郵便振替用紙（振込手数料は当方負担）をお送りしますので、商品が届き次第お振込みをお願いします。

●なお、一度に２冊以上をご購入の際には、代金先払いとなります。先に請求書と振込用紙をお送りしますのでそれで代金・送料をお振り込み下さい。入金が確認出来次第、商品をお送りします。あらかじめご了承ください。

●ご購入申し込み先

ファクス　03-3511-8484
電子メール　yushisha@fork.ocn.ne.jp

※ ご注文の際には、
ご注文書名
冊数
お名前
ご住所
お電話番号
を忘れずにご記入ください。

なお、ご記入いただいた購入者情報は、ご注文いただいた書籍の発送、お支払い確認などの連絡、及び小社の新刊案内送付のために利用し、その目的以外での利用はいたしません。また、ご記入いただいた購入者情報に変更が生じた場合は、小社までご連絡ください。

有限会社
有志舎
〒 101-0051　東京都千代田区神田神保町 3-10、宝栄ビル 403
TEL：03-3511-6085　 FAX：03-3511-8484
E-mail：yushisha@fork.ocn.ne.jp

有志舎のホームページ
http://yushisha.sakura.ne.jp